古代汉语知识问答

余江 主编

商务印书馆 国际有限公司
中国·北京

图书在版编目（CIP）数据

古代汉语知识问答 / 余江主编 .-- 北京 ： 商务印书馆国际有限公司，2022.7

ISBN 978-7-5176-0915-5

Ⅰ . ①古… Ⅱ . ①余… Ⅲ . ①古汉语－问题解答 Ⅳ . ① H109.2-44

中国版本图书馆 CIP 数据核字 (2022) 第 090510 号

GUDAI HANYU ZHISHI WENDA

古代汉语知识问答

主　　编	余　江
出版发行	商务印书馆国际有限公司
地　　址	北京市朝阳区吉庆里 14 号楼 佳汇国际中心 A 座 12 层
邮　　编	100020
电　　话	010-65592876（编校部） 010-65598498（市场营销部）
网　　址	www.cpi1993.com
印　　刷	三河市紫恒印装有限公司
开　　本	787mm × 1092mm 1/32
字　　数	210 千字
印　　张	10
版　　次	2022 年 7 月第 1 版第 1 次印刷
书　　号	ISBN 978-7-5176-0915-5
定　　价	32.00 元

编 委 会

主　编：余　江

副主编：解植永

编　者：余　江　解植永　马兰州

牛尚鹏　李　旭　蔡觉敏

洪　畅

目　　录

文　　字

音　　韵

训　诂

词　汇

语　法

文化常识

典籍注本

常用工具书

文　字

1. 什么是词的本义、字的本义以及字形所表示的意义？

答：词的本义是一个词的最原始的意义，是相对于引申义而言的。字的本义就是它代表的词在造字时的意义。就多数字而言，它们的本义就是它们所代表的词能够为我们所追溯到的最古的意义。

但是为某个词所造的字，并不一定是在这个词出现之后很快就会造出来，在文字体系形成之前就已经出现的词固然不用说，就是在文字体系形成之后出现的词，也有可能长期用假借字，然后才造本字来表示。所以为某个词造字的时候，这个词在当时的意义，很可能跟它的原始意义有了一定的距离。所以字的本义并不一定是这个词的最原始的意义。比如“节（節）”这个词，它的最原始的意义今天已经不清楚，在其后来的众多意义中有一个意义是“竹子的节”，人们就根据这个意义给“节（節）”这个词造了“从竹，即声”的“節”字，那么“節”这个字的本义就是竹子的节。

字形所表示的意义，或叫作“造字意图”，指造字时选取一个意象或场景把这个字造出来。比如“乘”字，它的本义是登高，我们怎样把“登高”这样一个抽象的概念造出字来呢？

乘，甲骨文作，象一个人站在树上。“一个人站在树上”就是这个字的字形所表示的意义，但是这个意义并不是文献中实实在在存在的意义，文献中我们能追溯的“乘”字的最早的意义是登高。所以“乘”字的本义是登高，而非“一个人站在树上”。

2. 如何判定一个字的本义?

判定一个字的本义，坚持两条：1. 有文字形体可考；2. 有文献资料作参证。汉字的形体结构和意义有密切的关系，特别是甲骨文、金文、篆文，离造字的时代近一些，象形的特点明显一些，这就为我们利用字形分析字的本义提供了有利条件。如果再加上古书的证明，那这个本义就是可靠的。如《说文解字·斤部》："斤，斫木斧也。""斤"象斧子之形，是象形字。《孟子·梁惠王上》："斧斤以时入山林。""斤"用的就是本义。

只有文字形体可考而无文献佐证，得出来的只能是字形所表示的意义，跟猜字游戏无大区别，古文字学界的一些稀奇古怪的字形分析即是此类；只有文献佐证而不考察形体，得出来的可能是引申义。

3. 什么是"六书"？

答：六书是指古人分析汉字构造归纳出来的六种条例。名称始见于《周礼·地官·保氏》："保氏掌谏王恶，而养国子以道，乃教之六艺：一曰五礼、二曰六乐、三曰五射、四曰五驭、五曰六书、六曰九数。"但只有总名，东汉班固《汉书·艺文志》才有细目，云："古者八岁入小学，故周官保氏掌养国子，教之六书，象形、象事、象意、象声、转注、假借，造字之本也。"《周礼·地官·保氏》："五曰六书。"郑玄注引郑众说："六书，象形、会意、转注、处事、假借、谐声也。"至许慎《说文解字·叙》始有具体解释。

关于“六书”的名目和次第，意见亦多分歧，唐以来，围绕班、郑、许三家之说一直争论不休。近时文字学家多采用许慎的名目，班固的次第，即：象形、指事、会意、形声、转注、假借。关于“六书”的性质，不少学者依据《汉书·艺文志》“六书”乃“造字之本”说，解释为六种造字方法。清人戴震认为，指事、象形、形声、会意为“四体”，是造字方法，转注、假借为“二用”，是用字方法（即文字的具体使用，常见的文字借用如通假字即属此类），即所谓“四体二用”说。

4. 如何区分象形和会意？

答：一般情况而言，象形字是独体字，会意字是合体字。这是区分二者的可操作的标准。象形字中有依附象形字（如瓜、果），会意字中有准会意字（如立）等，有时颇易混淆。故唐兰先生又加了一个限定性的因素，即象形字必须是名词，因为只有名词才能画出来。参见唐兰《古文字学导论》。在《说文解字》中，有“象某某之形者”为象形，如《说文》：“果，木实也。从木，象果形在木之上。”有“从某，从某”者为会意，如《说文》：“信，诚也。从人，从言。”

5. 什么是比意会意和比形会意，二者有何区别？

答：会意分为比意会意和比形会意两种情况。

比意会意也叫“义合”，是依靠两个或两个以上独体字的意义的组合以构成新字。其构件虽以象形符号为基础，但不依靠图形的组合表示意义。如“信”，取人言为信之义；“楞”，取义于四方木。此类组合不受字体演变的影响，故隶书阶段以后造的新会意字多属此类。因为隶书以后的文字失去了象形的特征，所以造会意字只能靠意义的组合，不能靠图形的组合。

比形会意也叫“形合”，以象形为基础，通过图形形象的组合以构成新字。如甲骨文 （监），为人向盆中照影之形。此类字在隶变之后，象形图像失真，字形已无法体现会意内容，故自隶书盛行后，不再以比形会意方式创造会意字。比形会意依赖字形的象形性。

6. 什么是转注？

答：转注是六书之一。《说文·叙》：“转注者，建类一首，同意相受，考老是也。”“建类一首”指同在一个部首，声音又相近（考、老二字同属“老”这个部首，字音上同属古代韵部“幽”部）；“同意相受”，指字义基本相同，可以互相训释（考、老二字在古代属同义字，都是年老的意思，在《说文》中是互相训释的。考，老也；老，考也）。

由于许慎对于转注的定义简单，《说文》九千余字中亦未指出哪些是转注之字例，后世对转注之确切意义莫衷一是，至今无定论。其中有代表性的，有以清人戴震、段玉裁为代表的“互训说”；以清人朱骏声为代表的“引申说”；以南唐徐锴、清人江声为代表的“形义说”；以章炳麟、黄侃为代表的“同源说”。

而最主要的分歧之一是：转注是用字法还是造字法。戴震认为是用字之法，章炳麟则认为是造字之法。孙雍长著有《转注论》，可详参。

7. 如何认识许慎对假借字的定义？

答：汉许慎《说文解字·叙》这样定义假借字："假借者，本无其字，依声托事，令、长是也。"即谓语言中某些词有音无字，借用同音字来表示，如"难"的本义是一种鸟名，借作困难的"难"；"易"的本义是蜥蜴，借作容易的"易"。许慎所举"令""长"之例，人们多认为是引申而非假借，故朱骏声《说文通训定声》将假借字的定义改为："假借者，本无其义，依声托字。"但这样就把本有其字的通假和本无其字的假借弄混了。

其实，许慎认为假借包括引申，假借是以不造新字来记录新发展的词汇的方法。词义发展变化了，不为它另造新字，而借用旧有的词和字来表示新生的词义。也就是说，只要不是本字记录本义都叫假借。段玉裁在《说文解字注》中多次使用"假借引申""引申假借"之术语，颇得许慎之假借三昧。

8. 什么是"书同文"？

答："书同文"是秦代进行的文字整理和统一工作。战国时期各诸侯国文字形体混乱不一，影响了交流。秦始皇灭六国后，接受李斯建议，开展"书同文"工作。具体措施是以秦国本来使用的文字大篆为基础，把东方六国与大篆不相吻合的文字废除掉，并对大篆进行简化，使其笔画更简单，将其定为标准字体，即所谓“小篆”。秦始皇“书同文”是我国历史上第一次全国规模的文字统一运动，也是汉字发展中的一大进步，对文化交流、经济发展、民族统一等，都曾起过重大作用。

9. 什么是俗字？

答：俗字也称“俗体”“破体”“手头字”，与“正字”相对，指流行于民间的通俗文字。因多是不合六书笔法、笔画较少的简体字，故名。如“台”“备”“献”“国”之类，汉魏六朝时已出现。唐颜元孙《干禄字书》第一次把文字区分为俗、通、正三体。俗字的流行有两个高峰，即六朝和唐五代这两个动乱的时期，统治者无暇他顾，俗字任意滋生。今之简化汉字，多是采用古代流行的俗字，非新造也。今人张涌泉著有《汉语俗字研究》，可详参。

10. 什么是累增字和分别文，二者有何区别？

答：累增字和分别文都是后起字的一种。清代王筠在《说文释例》中提出这两个概念。累增字是在初造字的基础上增加偏旁而字义不变的字。如“复—復”“果—菓”等。

分别文也称“分别字”“区别字”。一般指在初造字基础上增加别义作用的偏旁而形成的新字，如“辟—避”“莫—暮”“责—债”“取—娶”。分别文的产生主要是为了使汉字的表意明确化。由字义引申而产生的分别文实质上又是会意兼形声字。王力《同源字论》：“大多数分别字都是同源字。”

11. 什么是科斗文？

答：科斗文又叫“漆书”，也称“科斗书”“科斗篆”，是篆书的一种变体，属六国古文系统。先秦时有以竹木蘸漆书字者，笔画头粗尾细，状如科斗（蝌蚪），故名。郑康成《尚书赞》云：“书初出屋壁，皆周时象形文字，今所谓科斗书。”杜预《春秋经传集解后序》：“太康元年，汲郡人发冢，大得古书，简编科斗文字。”现存魏体《三体石经》残石中的古文即其体。

12. 什么是后起本字？

答：某词原无本字，借用他字表示该词，后又为此词造字，即为后起本字，一般是在假借字基础上造的。古人字少，一个字有时代表几个意义不同而语音相同或相近的字来用，后来在原本借用的字的基础上造出与词义相应的新字，这样的新字在文字学上称为后起本字，也就是后起的正字。如“狮子”最早写作“师子”，假借了“师”表“狮”，后又加“犬”作“狮”，“狮”字是后起的，但却是“狮子”的本字。

13. 什么是合音字和合文？

答：合音字也称“合声字”，由两字读音合成的一个字。如：之乎—诸，不可—叵，扶摇—飙，不律—笔，蒺藜—茨。由二声合一字，乃急读而成。二声合字，往往上字取声，下字取韵，故清顾炎武《音学五书》称其为最早的“反切之语”。先秦已出现，《诗》毛传已有分析，《尔雅》《方言》均有记载。

合文，也叫“合书”，秦以前的古汉字中，二字或数字合写，形如一字，但仍读二字或数字之音。合文现象在殷商甲骨文和西周金文中最为常见。新中国成立后简化汉字时也创造了一些合文，但因不合汉字一字一音节的规律，基本都淘汰了。

14. 表意文字和表音文字有何区别？

答：文字是记录语言的符号，世界上的文字总的来说分为表音文字和表意文字。二者的造字原理是不一样的。词汇是音义结合体，要记录这个词汇，有两种方式，或记录音，或记录义。汉字属于后者，即据义构形，汉字的形体是和意义挂钩的，比如要记录“树”这个词，就画一棵树，甲骨文作。古老的文字基本是表意文字。

表音文字，与表意文字对称。用书写符号表示语音，再通过语音表示词义，而符号本身是没有表意作用的一类文字。现在世界上多数国家或民族使用的文字，均属此类。表音文字又分为音素文字和音节文字。音素文字，也称音位文字，一个字母记录一个音位，再拼合成音节，英语、俄语皆是。音节文字以一个符号表示一个音节，而不是表示一个音位，如日本的假名。

15. 图画与文字的界限是什么？

答：图画和文字的差别在于是否跟语言挂钩。如果一个图画跟语言挂了钩，能记录语言中的某个词，哪怕象形程度很高，那么它就是文字了。如果图画跟语言不挂钩，就仍旧是图画。图画和文字的差别跟象形程度没有关系。文字的主要起源就是图画，早期的文字和图画也不容易区分，故有人认为图画和文字中间存在一个“文字画”的过渡阶段。

16. 什么是古今字和异体字，二者有何区别？

答：古代汉语中不同时代记录同一个词时所用的字不同，前一个时代所用的字称为古字，后一个时代所用的字称为今字。例如影子的影、昏暮的暮，先秦只写作“景”和“莫”，称为古字，后世所用的“影”和“暮”称作今字。

古今字是相对而言的。今字如果再产生了后起字，对后起字来说，它又是古字。例如，表示前进意思的“歬”是古字，“前”是今字。“前”的本义指剪断，借用表前进义，后来造了一个“剪”字，因此，“前”是“剪”的古字，“剪”又是今字。

异体字指一个词的不同的书写形式，是多字记录一词的一种语言现象，可以是共时的，也可以是历时的。古今字有广义和狭义之分，狭义的古今字只指古今分化字，即“莫—暮”这类。这类古今字跟异体字不会存在交叉。但广义的古今字是不同时代多字记录一词的现象，跟异体字存在交叉。从历时的角度看是古今字，从共时的角度看是异体字。

17. 偏旁就是部首吗？

答：偏旁是文字学术语，部首是字典学术语，二者并不完全等同。偏旁是构成汉字的构件，如果用这个构件作为贯穿、检索文字的线索，那么这个偏旁就成了部首。部首一般是偏旁，但偏旁却不一定是部首。如“信”字，人和言都是偏旁，人是部首，言只是偏旁。偏旁的作用是为了帮助记忆字形，部首的作用是为了快速查找汉字，为了检字方便。偏旁的数量多，大致500多个，部首数量少，有200多个。

18.“八分”指的是什么？

答：八分，即八分书，亦称“分书”或“分隶”，是汉代隶书的别称。人们把带有明显波磔特征的隶书称为“八分书”。汉末魏晋之际，“八分”这个名称才在典籍中出现。其中晋卫恒《四体书势》曰：“鹄弟子毛弘教于秘书，今八分皆弘法也。”蔡邕所书写的《熹平石经》的字体都是典型的汉隶。汉末，由原来的隶书演化出一种笔画更为简单、书写更为便捷的新隶书，消除横笔的“蚕头”和“燕尾”，这就是楷书的雏形。为区别这新旧两种隶体，便称旧隶为八分。

19.“章草”与“今草”有何区别和联系？

答：“章草”也称“隶草”，是草书的一种，由隶书演变而成，形体字字区分，不相连绵，是与今草的明显区别。章草产生于秦末汉初。始用于下层社会，至东汉明帝时才逐渐引起统治阶级重视，章帝时始正式承认其在文字上的地位。汉代史游的《急就章》是其代表。

今草是由章草发展而成的一种新的草书体式。以其不像章草之字字独立，而是上下字牵连不断，字的体势若一笔写成，故又名“一笔书”。今草是楷书的草写形式。东汉人张芝采用章草的草法和变化，楷书、行书的点画用笔，而创造出来的一种草书体，与章草相对，后人称之为今草。现在一般所谓草书，多指今草。今草俗称“小草”，区别于被称为“大草”的狂草。

20. 什么是隶变，隶变以后的字能作为“因形求义”的依据吗?

答：隶变是指汉字由小篆到隶书的变化。这种变化，使汉字匀圆齐整的线条符号变成了平直方正的笔画符号，由象形而变得不再象形，且偏旁或省、或变、或分、或并，打破了汉字的“六书”结构，结束了古文字历史，揭开了今文字史页。

隶变对汉字形体进行了广泛而深刻的调整。为了便于书写，它采用了同化、分化、简化、别构一体等方式来改变古文字的构形，使汉字的直观表意功能最后完全消失。因此，隶变后的字形，不能再作为“因形求义”的依据。

21. 什么叫隶定，与隶变有何区别?

答：隶定也叫隶古定，是用隶书仿写古汉字的方法。孔安国《尚书序》：“至恭王，好治宫室，坏孔子旧宅以广其居，于壁中得先人所藏古文虞、夏、商、周之书及《传》《论语》《孝经》，皆科斗文字。科斗书废已久，时人无能知者，以所闻伏生之书，考论文义，为隶古定。更以竹简写之。”孔颖达正义：“言隶古者，正谓就古文体，而从隶定之。存古为可慕，以隶为可识，故曰隶古。以虽隶而犹古。”清人研究《说文》，常将小篆写成楷书，当代人研究甲骨文、金文也常用楷书仿写。用隶书、楷书仿写的古文字，与省变后的隶书、楷书仍有许多不同。隶变是正常的演变，隶定是人为的仿写，二者有根本的区别。

22. 什么是石鼓文？

答：石鼓文是战国时期秦国的石刻文字。唐代初年，在今陕西凤翔县境内出土了石鼓 10 个，每个石鼓上刻有一首四言诗，文字严谨端庄，大小一致。多数字已与小篆差别不大或完全没有差别了，石鼓上的文字就是小篆的前身大篆。石鼓文上与金文相接，下与秦始皇时代的《泰山刻石》等相通，是周代金文到秦代小篆的过渡桥梁。这 10 个石鼓现藏北京故宫博物院，其字迹多半已残泐，但有较好的宋拓本传世。石鼓文是研究古文字的重要材料，也是重要的石刻文献，在书法史上也有重要价值。

23. 什么是战国文字？

答：战国文字是对战国时期各诸侯国使用的汉字的总称。甲骨文、金文是用文字的载体来命名，隶书是用创造者的身份来命名。而战国文字是用时代来命名。这是因为战国时期诸侯各自为政，创制的文字个体差异较大，而且文字的载体有金石、竹帛、泉布、陶埴、玺印等的不同，无论哪一地域、哪一种载体上的哪一种字体，都不能完全代表这一时期的文字面貌，因此文字学界把这一时期的所有文字统称为战国文字。战国文字的最大特点是歧异性大、讹变多、书写草率。但从总体上看，还是上承甲骨文、金文，下启小篆的。战国文字多不合六书体例，文字系统性不强，即使秦始皇不统一文字，也一样会被历史淘汰。

24.“结绳说”是汉字的起源吗?

答:《周易·系辞下》:“上古结绳而治，后世圣人易之以书契。”《汉书·艺文志》、《说文解字·叙》皆承此说。现代文字学家多认为此说不能成立。汉字产生之前，可能用结绳来帮助记忆、处理事务，但跟记录语言的文字有本质的不同，二者没有发生学的关系。但个别表数目的文字可能与结绳有关。

25. 李阳冰为《说文解字》的流传作出过哪些贡献?

答：李阳冰是唐代文学家、书法家，擅词翰，尤擅篆书，自成一格，宋元人“谓其不下李斯”，后世学者多推崇之。自诩“斯翁之后，直至小生，曹喜、蔡邕不足也”。唐代以前，《说文解字》只有传写本而没有刊印本。李阳冰将收藏及收集到的《说文解字》抄本加以整理，刊定为30卷，为《说文解字》一书的流传做出过重要贡献。但其不守许慎之旧，自为新说，且多有臆断，受到后人非议。

26. 什么是“说文学”？

答：“说文学”是以东汉许慎《说文解字》为研究对象的学科。《说文解字》问世后，即为世所重，成为历代小学家研究的重点之一。后经唐代李阳冰等刊定和推广，又经五代至北宋间徐铉、徐锴兄弟校勘注释，引起广泛重视。清代研究之风大盛，著作达百余种。“说文学”或称“许学”，也称“许氏之学”。许慎既是经学家又是小学家，曾著《五经异义》，但已经亡佚，只有《说文解字》流传至今，故后世所谓许学已成“说文学”的别称。如清人所称的许学著作，即为研究《说文》的著作。

27. “说文四大家”指谁，各有什么著作和贡献？

答：“说文四大家”指清代研究《说文解字》比较出色的四位人物。分别是段玉裁、桂馥、朱骏声、王筠。其著作分别是《说文解字注》（段玉裁著）、《说文解字义证》（桂馥著）、《说文通训定声》（朱骏声著）、《说文句读》（王筠著）、《说文释例》（王筠著）。

其中段玉裁水平最高，《说文解字注》被公认为解释《说文》的权威性著作，然改动《说文》原文颇多，有武断之嫌。《说文通训定声》另起炉灶，变更《说文》体例，按古韵及形声字声符重新编排，增附七千多字。《说文解字义证》为许书补充了大量的例证，被称为许书第一功臣。《说文句读》、《说文释例》为许书入门之作，然亦颇见精辟之解。王筠从诸家所引资料中选材，比较严谨，考订审慎，解释简明，删繁举要，且加句读，便于初学者学习。

音　　韵

1. 什么是“宋人三十六字母”？

答：字母，就是声母的代表字。宋人三十六字母是中古时期用来表示声母的三十六个汉字。

古人没有拼音字母，要表示某个声母，是用含有该声母的汉字，比如声母 [p]，可以用“博”来表示，也可以用“边”，还可以用“北”，理论上凡是用该声母起头的字，都可以表示这个声母。

唐代末年，有个叫守温的和尚创制了三十字母，也就是用三十个汉字代表当时的三十个声母，传统上称为守温三十字母。到了宋代，有人（已不可考）在守温三十字母的基础上增改为三十六个，这就是宋人三十六字母。宋人三十六字母及其拟音如下：

发音方法 发音部位		全清	次清	全浊	次浊	全清	全浊
唇音	重唇	帮 p	滂 p^h	並 b	明 m		
	轻唇	非 pf	敷 pf^h	奉 bv	微 ɱ		
舌音	舌头	端 t	透 t^h	定 d	泥 n		
	舌上	知 ȶ	彻 ȶ^h	澄 ȡ	娘 ȵ		
齿音	齿头	精 ts	清 ts^h	从 dz		心 s	邪 z
	正齿	照 tʃ	穿 tʃ^h	床 dʒ		审 ʃ	禅 ʒ
牙音		见 k	溪 k^h	群 g	疑 ŋ		
喉音		影 ø			喻 j	晓 x	匣 ɣ
半舌音					来 l		
半齿音					日 ȵʑ		

2.《切韵》和《广韵》有何联系？

答:《切韵》是中古时期的一本韵书。所谓韵书，就是按韵编排的字典，也就是说，韵书的编排方式是把韵腹、韵尾、声调都相同的字放在一起。韵书是为了写诗文押韵而编纂的。一般认为,《切韵》音系是中古音的代表，它是音韵学史上一部重要的著作。

《切韵》成书于隋文帝仁寿元年（601），作者是陆法言。

据记载，在三国时期韵书已经产生。随着时间的推移，越来越多的韵书出现了。但是这些韵书，有的反映的是方言语音，有的反映的是较早时候的语音，到后代已经不适用了。隋文帝开皇初年，8个有影响的学者（刘臻、颜之推、卢思道、李若、萧该、辛德源、薛道衡、魏彦渊）在陆法言家聚会，他们谈论起音韵问题，谈到了各家韵书的优缺点以及审音的原则。陆法言把大家讨论的大纲记下来。以后十多年，陆法言一直在做官，没有时间进行整理。后来他被免官，才有时间在原来大纲的基础上参考各家韵书、字书，编写成《切韵》一书。

《切韵》成书后，影响非常大，以至于以前的各种韵书都逐渐被淘汰了。唐朝把它作为科举考试中写作诗文押韵的标准。以后陆续有人给《切韵》增加新字、做注解、进行修订。

北宋真宗时敕令陈彭年、丘雍等人对《切韵》进行再次修订，修订本于真宗大中祥符元年（1008）成书，命名为《大宋重修广韵》，简称《广韵》。

《广韵》虽然在《切韵》的基础上增加了很多内容，比如增加了很多新字和注解，也由原书的193韵增加为206韵，但只是把《切韵》的某些韵一分为二，因此并没有改变原来的语音体系。现在《切韵》只剩下一些残卷。由于《广韵》的语音系统与《切韵》的语音系统一致，所以人们说的《切韵》音系实际上是指《广韵》一书所反映的音系。

3.《广韵》和"宋人三十六字母"代表的语音系统有何区别？

答：二者的成书时间不同。《广韵》虽然成书于北宋真宗大中祥符元年（1008），但是它继承了成书于隋代的《切韵》的音系，只是在《切韵》的基础上增字加注，对于语音系统没有改变。而宋人三十六字母产生于宋代（具体年份和作者不详）。所以说，《广韵》代表的语音系统要早于宋人三十六字母。《广韵》还保留着早期汉语语音的一些特色，比如《广韵》唇音只有重唇一类，轻唇音还没有从重唇音里分化出来；而宋人三十六字母里，唇音分为重唇和轻唇两类。《广韵》与宋人三十六字母的其他不同之处还有：泥母和娘母在《广韵》中合为一个声母，在宋人三十六字母中则分为两个（关于中古是否存在泥母和娘母的区别还有争议）；正齿音《广韵》分为照二（庄初崇生）照三（章昌船书禅）两套，三十六字母则为一套。附《广韵》声母表：

发音部位 \ 发音方法		全清	次清	全浊	次浊	全清	全浊
唇音		帮 p	滂 p^h	並 b	明 m		
舌音	舌头	端 t	透 t^h	定 d	泥 n		
	舌上	知 ȶ	彻 ȶ^h	澄 ȡ			
齿音	齿头	精 ts	清 ts^h	从 dz		心 s	邪 z
	正齿	庄 tʃ	初 tʃ^h	崇 dʒ		生 ʃ	
		章 tɕ	昌 tɕ^h	船 dʑ		书 ɕ	禅 ʑ
牙音		见 k	溪 k^h	群 g	疑 ŋ		
喉音		影 ∅			喻 j	晓 x	匣 ɣ
半舌音					来 l		
半齿音					日 ȵʑ		

4. 什么是全清、全浊、次清、次浊，现代汉语还有这四类声母吗？

答：音韵学所说的“清”和“浊”是我国传统音韵学的一对概念。清音是气流通过声带时没有引起声带颤动而形成的音，浊音是气流通过声带时引起声带颤动而形成的音。清音又分为全清和次清两类。浊音分为全浊和次浊两类。

从宋人三十六字母的拟音情况看，全清是清音中不送气的塞音、塞擦音以及擦音，次清是清音中送气的塞音和塞擦音；全浊是浊音中不送气的塞音、塞擦音以及擦音，次浊包括鼻音、边音和半元音。

现代汉语只使用“清”“浊”两个概念。现代汉语普通话的21个声母中（不包括零声母），[p]、[p^h]、[f]、[t]、[t^h]、[k]、 [k^h]、[x]、[ts]、[ts^h]、[s]、[tʂ]、[tʂ^h]、[ʂ]、[tɕ]、[tɕ^h]、[ɕ] 是清声母，其中不送气的塞音、塞擦音 [p]、[t]、[k]、[ts]、[tʂ]、[tɕ] 以及擦音 [f]、[x]、[s]、[ʂ]、[ɕ] 相当于全清声母，送气的塞音、塞擦音 [p^h]、[t^h]、[k^h]、[ts^h]、[tʂ^h]、[tɕ^h] 相当于次清声母。鼻音 [m]、[n]，边音 [l] 和舌尖后擦音 [ʐ] 相当于次浊声母。以元音 [i]、[u]、[y] 开头的零声母音节，发音时起首的元音都有轻微的摩擦，实际是半元音 [j]、[w]、[ɥ]，也相当于次浊声母。现代汉语普通话没有全浊声母，中古的全浊声母发展到现代普通话里已经清化了。

5. 什么是尖团音?

答：中古精组声母发展到现代，按照后面所跟韵母的不同，分化为 [ts]、[ts^h]、[s] 和 [tɕ]、[tɕ^h]、[ɕ] 两组声母。分化的条件是：开口呼和合口呼韵母前读 [ts] 组声母，齐齿呼和撮口呼韵母前读 [tɕ] 组声母。具体如下表所示：

	精	清	从	心	邪①
开合	ts	ts^h	平 ts^h 仄 ts	s	s
齐撮	tɕ	tɕ^h	平 tɕ^h 仄 tɕ	ɕ	ɕ

中古见晓组声母发展到现代，按照后面所跟韵母的不同，分化为 [k]、[k^h]、[x] 和 [tɕ]、[tɕ^h]、[ɕ] 两组声母。分化的条件是：

① 有少数古邪母字现在读 [ts^h] 声母或 [tɕ^h] 声母。

开口呼和合口呼韵母前读 [k]、[k^h]、[x]，齐齿呼和撮口呼韵母前读 [tɕ]、[tɕ^h]、[ɕ]。具体如下表所示：

	见	溪	群	晓	匣
开合	k	k^h	平 k^h 仄 k	x	x
齐撮	tɕ	tɕ^h	平 tɕ^h 仄 tɕ	ɕ	ɕ

可以看出，现代普通话中的 [tɕ]、[tɕ^h]、[ɕ] 声母来源于中古的精组和见晓组声母。

在有些方言中，古精组声母和古见晓组声母在齐齿呼和撮口呼前的读音不同，这种现象叫分尖团。其中古精组字叫尖音字，古见晓组字叫团音字。需要注意的是，尖音字和团音字的声母在各方言中并不完全一致，例如山东某些方言：

	精精	经见	娶清	去溪	修心	休晓
沂南	꜀tsiŋ	꜀tɕiŋ	꜂ts^{h}y	tɕ^{h}y꜄	꜀siəu	꜀ɕiəu
荣成	꜀tsiŋ	꜀ciŋ	꜂ts^{h}y	c^{h}y꜄	꜀siou	꜀çiou
烟台	꜀tɕiŋ	꜀ciŋ	꜂tɕ^{h}y	c^{h}y꜄	꜀ɕiu	꜀çiu
诸城	꜀ȶiŋ	꜀tʃəŋ	꜂ȶy	tʃ^{h}u꜄	꜀ɕiou	꜀ʃou

不论声母的具体读音是什么，只要来源于古精组的都叫作尖音字，来源于古见晓组的都叫作团音字。

古精组和见晓组声母在今普通话中的齐齿呼和撮口呼韵母前都读 [tɕ] 组声母，这种现象叫不分尖团。

6.“阴声韵、阳声韵”中的“阴、阳”和“阴平、阳平”中的“阴、阳”意思相同吗?

答:“阴声韵、阳声韵”中的“阴、阳”和“阴平、阳平”中的“阴、阳”意思不相同。

阴声韵和阳声韵是从韵尾的角度说的。音韵学上根据韵尾的不同，把韵母分为三类:(1)阴声韵，无韵尾和以元音收尾的韵，以元音收尾的韵又分为 [i] 尾韵和 [u] 尾韵;(2)阳声韵，以鼻音收尾的韵，古音的鼻音韵尾有三个——[m]、[n]、[ŋ];(3)入声韵，以塞音 [p]、[t]、[k] 收尾的韵。

现代汉语普通话中也存在阴声韵和阳声韵韵母。没有韵尾的如 [a]、[o]、[ɤ]、[i]、[u]、[y]，以元音 [i] 收尾的如 [ai]、[ei]，以元音 [u] 收尾的如 [au]、[ou]，这些是阴声韵。普通话的鼻音韵尾只有两个——[n] 和 [ŋ]，中古的 [m] 韵尾已经和 [n] 韵尾合并了，以 [n] 作韵尾的如 [an]、[ən]，以 [ŋ] 作韵尾的如 [aŋ]、[əŋ]。普通话里没有入声韵，中古的入声韵尾已经舒化，和阴声韵合并了，但在一些方言里特别是南方方言中还存在入声韵。

阴平和阳平的“阴”“阳”是从声调的来源说的。中古时的平上去入四个声调在很多方言中依声母的清浊发生了分化，来自于古清声母的称为阴调类，来自于古浊声母的称为阳调类。中古的时候只有一个平声，不分阴阳；后来发生了分化，来自古清声母的平声为阴平，来自古浊声母的平声为阳平。

因此，“阴声韵、阳声韵”中的“阴、阳”和“阴平、阳平”中的“阴、阳”内涵不同。

7. 入声韵和入声调是一回事吗?

答：入声韵和入声调不是一回事。

入声韵是从韵母的角度说的，是指带有塞音韵尾的韵母。

中古汉语有三个塞音韵尾——[p]、[t]、[k]，现代汉语中，中古的三个塞音韵尾在不同方言中有不同的表现。在南方一些方言中，还保留着这三个塞音韵尾，如粤方言；有的方言现在只有两个塞音韵尾，如某些地方的客家话；有的方言里中古的三个塞音韵尾合并成了喉塞尾；在北方大部分方言和一部分南方方言中，中古的塞音韵尾已经脱落，原来的入声韵和阴声韵合流。例如：

	甲	十	辣	七	北	石
广州	kap꜀	ʃɐp꜇	lat꜇	tʃʰɐt꜆	pɐk꜆	ʃɛk꜇
梅县	kap꜆	səp꜇	lat꜇	tsʰit꜆	pɛt꜆	sak꜇
厦门	kap꜆文 kaʔ꜆白	sip꜇文 tsap꜇白	lat꜇文 luaʔ꜇白	tsʰit꜆	pɔk꜆文 pak꜆白	sɪk꜇文 tsioʔ꜇白
南昌	kat꜆	sət꜇	lat꜆文 lat꜇白	tɕʰit꜆	pɛt꜆	sət꜆文 sak꜆白
长沙	tɕia꜆文 ka꜆白	sʅ꜆	la꜆	tɕʰi꜆	pɤ꜆	sʅ꜆
苏州	tɕiaʔ꜆文 kaʔ꜆白	zɤʔ꜇	laʔ꜇	tsʰiɪʔ꜆	poʔ꜆	zɤʔ꜇文 zɒ꜇白
济南	꜀tɕia	꜁ʂʅ	la꜄	꜀tɕʰi	꜀pei	꜁ʂʅ

入声调是从调类的角度说的。调类是把调值相同的字归纳在一起建立的类。

中古汉语有四个调类，分别是平、上、去、入。后来这四个调类依据声母的清浊在不同的方言里发生了不同的分化或合并。有的方言仍旧有入声调，如大部分南方方言和一部分北方方言；有的方言古入声已经派入其他几个声调，如大部分北方方言。

因为入声韵有塞音韵尾，发音短促，使得整个音节的声调也比舒声调短，所以有入声韵的方言一定有入声调。但有入声调的方言不一定有入声韵。因为有些方言入声韵尾虽然已经舒化了，但古入声字的调值仍然自成一类，与其他声调的调值不同。例如长沙方言：

阴平 33	高 kau	天 t^{h}iẽ	兄 ɕin	生 sən
阳平 13	穷 tɕin	时 sɿ	年 ȵiẽ	容 in
上声 41	板 pan	可 k^{h}o	两 lian	以 i
阴去 45	报 pau	气 tɕ^{h}i	败$_{文}$ pai	义$_{文}$ ȵi
阳去 21	败$_{白}$ pai	话 fa	义$_{白}$ ȵi	祸 xo
入声 24	塔 t^{h}a	急 tɕi	学 ɕio	莫 mo

8. 古音中的开合、洪细是什么意思?

答：开合，又叫开合口，是“开口”和“合口”的合称。开合口是音韵学上根据韵头的不同对韵母进行的分类。开口是不以 [u] 作韵头的韵母，如果是单元音韵母，则其主要元音不是 [u]。反之，合口是 [u] 作韵头或者以 [u] 作主要元音的韵母。

中古汉语只有 [i] 和 [u] 两个韵头，但是 [i]、[u] 可以同时作韵头。比如韵母 [an] 属开口，加上韵头 [i] 仍旧是开口；韵母

[uan] 是合口，加上韵头 [i] 仍旧是合口。古代开合口的不同，实际是圆唇不圆唇的区别。清朝的音韵学家江永在《音学辨微》中说："音呼有开口合口，合口者吻聚，开口者吻不聚也。"吻，就是嘴唇的意思。随着语音的发展，[iu] 演变为 [y]，这个演变是在明朝末年的北方话里发生的。[y] 产生以后，才有了"四呼"的名称。这样，韵头就有了 [i]、[u]、[y] 三个，再加上不以 [i]、[u]、[y] 起头的韵母，就形成了现代汉语里的开齐合撮四呼。

洪细也是从韵头的角度对韵母进行的分类。古代没有 [i] 韵头的是洪音，有 [i] 韵头的是细音。例如韵母 [an] 是洪音，加上韵头 [i] 以后就成了细音；韵母 [uan] 是洪音，加上韵头 [i] 以后也成了细音。发展到现代汉语，洪音指开口呼和合口呼，细音指齐齿呼和撮口呼。

古代开合、洪细与现代汉语四呼的对应关系如下：

韵母	开合	洪细	现代汉语四呼
an	开口	洪音	开口呼
ian	开口	细音	齐齿呼
uan	合口	洪音	合口呼
iuan	合口	细音	撮口呼

9. 什么是摄，归并摄的原则是什么？

答：摄的意思是统摄，也就是"以少持多"或"以彼摄此"的意思。宋元等韵图的作者把古音，主要是《广韵》的二〇六韵归并为若干个大类，每一大类称为一摄。确切说，摄是古代等韵家根据音近原则对韵进行归并得出的最大的类。

归并的原则是韵腹相近，韵尾相同或相类。比如豪、肴、宵、萧四个韵部及其拟音：

<table>
<tr><td>平</td><td>上</td><td>去</td><td rowspan="5">效摄</td></tr>
<tr><td>豪 ɑu</td><td>皓 ɑu</td><td>号 ɑu</td></tr>
<tr><td>肴 au</td><td>巧 au</td><td>效 au</td></tr>
<tr><td>宵 iɛu[①]</td><td>小 iɛu</td><td>笑 iɛu</td></tr>
<tr><td>萧 ieu</td><td>筱 ieu</td><td>啸 ieu</td></tr>
</table>

这四个韵部韵尾相同，韵腹相近，因此古人把它们归并为效摄。再比如下面的例子：

<table>
<tr><td colspan="2">平</td><td colspan="2">上</td><td colspan="2">去</td><td colspan="2">入</td><td rowspan="5">宕摄</td></tr>
<tr><td rowspan="2">唐</td><td>ɑŋ</td><td rowspan="2">荡</td><td>ɑŋ</td><td rowspan="2">宕</td><td>ɑŋ</td><td rowspan="2">铎</td><td>ɑk</td></tr>
<tr><td>uɑŋ</td><td>uɑŋ</td><td>uɑŋ</td><td>uɑk</td></tr>
<tr><td rowspan="2">阳</td><td>iaŋ</td><td rowspan="2">养</td><td>iaŋ</td><td rowspan="2">漾</td><td>iaŋ</td><td rowspan="2">药</td><td>iak</td></tr>
<tr><td>iuaŋ</td><td>iuaŋ</td><td>iuaŋ</td><td>iuak</td></tr>
</table>

唐和阳两个阳声韵部的韵尾相同，韵腹相近。铎、药两个入声韵的韵尾相同，它们的韵腹分别与所配的阳声韵部的韵腹相同。唐、阳两个阳声韵部的韵尾 [ŋ] 和两个入声韵铎、药的韵尾 [k] 发音部位相同，都是舌面后音。因此古人把这几个韵归并为宕摄。

① 现代学者把《广韵》中的韵头 [i]、[u] 分别区分为紧 [ĭ]（用于三等）和松 [i]（用于四等）、元音 [u]（用于一等及二三等开合分韵的）和 [w]（用于二三四等开合同韵的）。为简便起见，本书对这两类韵头不加区分。

《广韵》的二〇六韵共归并为十六摄。按照《广韵》韵目的顺序，这十六摄是：通摄、江摄、止摄、遇摄、蟹摄、臻摄、山摄、效摄、果摄、假摄、宕摄、梗摄、曾摄、流摄、深摄、咸摄。如果从韵尾的角度，按照“阴声韵——[m] 尾阳声韵——[n] 尾阳声韵——[ŋ] 尾阳声韵”的顺序排列（举平以赅上去入），则这十六摄可以分为：

1. 果摄：歌戈
2. 假摄：麻
3. 遇摄：鱼虞模
4. 蟹摄：齐佳皆灰咍，祭泰夬废
5. 止摄：支脂之微
6. 效摄：萧宵肴豪
7. 流摄：尤侯幽
8. 咸摄：覃谈咸衔盐添严凡
9. 深摄：侵
10. 山摄：寒桓删山先仙元
11. 臻摄：真谆臻文欣魂痕
12. 宕摄：阳唐
13. 江摄：江
14. 曾摄：蒸登
15. 梗摄：庚耕清青
16. 通摄：东冬钟

10. 古音研究中的“等”是什么？

答：古音研究中的“等”和等韵图有关。韵书大量出现后，有人制作出图表分析韵书中的反切，这就是等韵图。等韵图实质上就是古音的声韵调配合表。“等”是等韵图的一个基本概念。在韵图里，平上去入四韵又各分为四层，来表示四等。从上到下，第一层的叫作一等，第二层的叫作二等，以此类推。下面是《韵镜》的第一图：

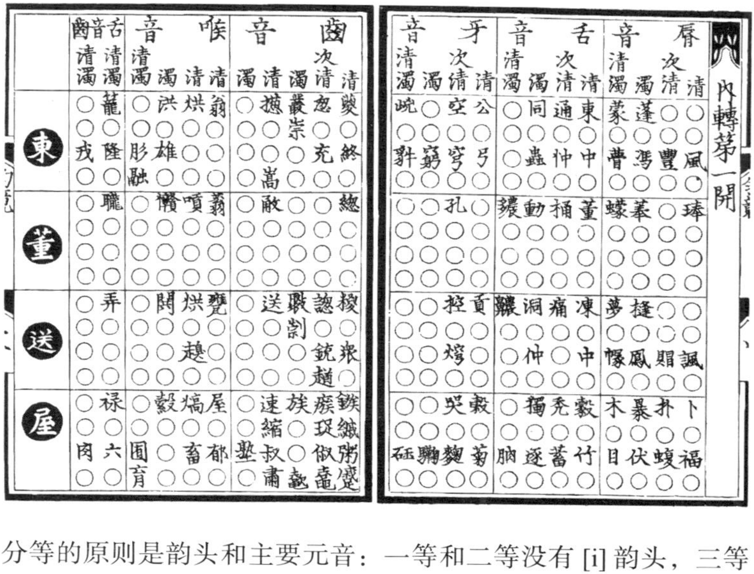

分等的原则是韵头和主要元音：一等和二等没有 [i] 韵头，三等和四等有 [i] 韵头；一等的主要元音开口度最大，舌位偏后，二、三、四等依次偏高偏前。正像清朝音韵学家江永在《音学辨微》中所说：“音韵有四等，一等洪大，二等次大，三四皆细，而四

尤细。”例如下面开合口共八个字在韵图中分等的情况：

	一等	二等	三等	四等
开口	高豪 kɑu	交肴 kau	娇宵 kiɛu	浇萧 kieu
合口	观桓 kuɑn	关删 kuan	勬仙 kiuɛn	涓先 kiuen

如果同一个韵分出不同的等，各等之间的区别就不在主要元音，而是在韵头，因为同一个韵韵腹和韵尾都相同，而韵头可以不同。例如假摄只包括麻韵一个韵，又分为开口二等 [a]、开口三等 [ia] 和合口二等 [ua]。

11. 反切是一种什么样的注音方法？

答：反切是我国古代的一种注音方法，是用两个汉字给另一个汉字注音。古代是直行书写，汉字从上到下排列。反切中用来注音的两个字一个在上，一个在下，上字取声母，下字取韵母和声调，拼合成被切字的读音。例如“东，德红切”，取上字“德”的声母 [t]，下字“红”的韵母 [uŋ] 和声调平声，拼在一起就是被切字“东”的读音。

反切产生于东汉后期。反切产生以前，人们曾经用“譬况”“读若”（“读如”）和直音法来注音。譬况就是用打比方、作比较以及描写发音情况的方法来注音。例如：

《公羊传·庄公二十八年》：《春秋》伐者为客，伐者为主。何休注：伐人者为客，读“伐”，长言之；见伐者为主，读“伐”，短言之。

读若或读如，意思是读得像某字，是用一个音同或音近字来注音。例如：

《说文解字》：哙，读若快。

《吕氏春秋·孟春纪》：东风解冻，蛰虫始振。高诱注：蛰，读如诗“文王之什”。

直音法是用同音字来注音。例如：

《穆天子传》三：山川间之。郭璞注：间，音谏。

这几种注音方法都有一定的缺陷，比如注音不明确，遇到没有同音字的情况难以注出准确读音等。

反切的产生在汉语注音史上是一大进步，很大程度上解决了给汉字注音的难题。但反切法也有它本身的局限性。比如随着语音的演变，很多古代的反切现在不能拼出正确的读音来。例如“东，德红切”，下字“红”的声调是阳平，但被切字却是阴平，如果不懂得汉语语音的发展，就不能理解这种现象。因此从宋代起，就不断有人对反切进行修订、改良。

12. 古文中，“匍匐”又写作“扶服”，反映了上古汉语声母的什么特点？

答：古文中，“匍匐”又写作“扶服”，这反映了汉语声母“古无轻唇音”的特点。

“古无轻唇音”是说中古的“非”“敷”“奉”“微”四个轻唇音声母在上古都读作重唇，也就是说中古的声母“非”和“帮”、“敷”和“滂”、“奉”和“並”以及“微”和“明”在上古读音分别是相同的。这一结论是清朝学者钱大昕提出来的。

"古无轻唇音"这一现象还有其他例证。例如主要用声训的方法解释文字的《释名》中用非母字"封"训释帮母字"邦"[①]，用並母字"旁"训释奉母字"房"[②]。古反切中重唇音声母和轻唇音声母互为反切上下字，如《广韵》中有"丕，敷悲切"，"丕"是滂母字，"敷"是敷母字；再如"闽，武巾切"，"闽"是明母字，"武"是微母字。形声字也能反映这一现象，如"盆"是並母字，其声旁"分"是奉母字等。

"古无轻唇音"现象一直持续到《切韵》时代，之后其中的合口三等字才分化为轻唇音声母。

说"古无轻唇音"而不说"古无重唇音"是因为外汉对音和方音中一部分材料反映了"古无轻唇音"的特点。例如"佛陀"是梵语 Buddha 的音译，又译作"佛驮""浮陀""浮屠""浮图"等，第一音节的汉字不论是"佛"还是"浮"，现在都读轻唇，在当时用来对译梵语中的重唇音。方音中的例子如现在闽方言没有轻唇音声母，很多中古读轻唇音的字在闽方言一般仍读重唇音，或白读音为重唇。

"匍匐"是上古的联绵词。用来记录联绵词的两个字只是用来记音的，因此很多联绵词有不同的写法。上古汉语没有轻唇音声母，只有重唇音声母，因此，"匍匐"也有人写作"扶服"。

---

① 邦，封也。封有功于是也。(《释名·释州国》)

② 房，旁也，在堂两旁也。(《释名·释宫室》)

13. 形声字“滞”用“带”作声旁，反映了上古汉语声母的什么特点？

答：形声字“滞”用“带”作声旁，这反映了汉语声母“古无舌上音”的特点。

“古无舌上音”是清朝学者钱大昕提出的观点。他在《十驾斋养新录》（卷五）中的《舌音类隔之说不可信》中说：“古无舌头舌上之分。知彻澄三母以今音读之，与照穿床无别也。求之古音，则与端透定无异。”也就是说中古三十六字母中的“知彻澄”三母在上古读同“端透定”。例如：《尚书·禹贡》里有“大野既猪”，《史记·夏本纪》作“大野既都”，其中“猪”是中古知母字，“都”是中古端母字；《说文》里有“冲读若动”，用定母字给澄母字注音；形声字的例子如“坠”是澄母字，其声旁“队”是定母字，“笃”是端母字，其声旁“竹”是知母字等。

大约到了六世纪，这组音才从“端透定”中分化出来。

14. 什么是“喻三归匣”“喻四归定”？

答：“喻三归匣”“喻四归定”都是近现代著名学者、音韵学家曾运乾提出来的。“喻三归匣”是说中古的喻母三等在上古和匣母读音相同，“喻四归定”是说中古的喻母四等在上古和定母读音相同。

《广韵》中喻母分为“于”“以”两类，“于”类只拼三等韵，称为“喻三”；“以”类也只拼三等韵，但在《韵镜》里排在第四等的位置，实际上和“于”类读音不同。很多人把这两类声母分别称为“云母（或于母）”“以母（或余母）”。

“喻三归匣”已得到学术界公认。“喻四归定”未被大多数学者接受。王力说：“不是喻四归定，只是喻四在上古接近定母。”[①] 曾运乾以喻四大量与定母、澄母谐声、假借推断出“喻四归定”，但其实喻四还大量地和晓母、心母谐声[②]。因此不能简单地认为上古喻四读同定母。

15. 如何理解古代汉语的双声、叠韵？

答：双声，指的是两个音节的声母相同。叠韵，指的是两个音节的韵相同。

关于双声叠韵，要注意它的时代性。两个音节在上古有双声或叠韵关系的，有可能由于语音的演变到中古就不是双声或叠韵了；在上古没有双声或叠韵关系的，有可能到中古就有了双声或叠韵关系。例如：

蘼芜，上古没有轻唇音声母，这两个字都是明母，属双声；后来唇音合口三等字从重唇音中分化出来，中古“蘼”属明母，“芜”属微母，两个字就不是双声了。

雕琢，上古没有舌上音声母，这两个字同属端母，属双声；后来舌上音从舌头音中分化出来，中古“雕”属端母，“琢”属

---

① 王力，《王力文集（第十二卷）》，山东教育出版社，1990，192 页。

② 潘悟云，《非喻四归定说》，温州师专学报 1984 年第 1 期。

知母，两个字就不是双声了。

戒备，上古同属之部，是叠韵；中古，“戒”属怪韵，“备”属至韵，就不是叠韵了。

支离，上古“支”属支部，“离”属歌部，两个字不是叠韵关系；中古两个字同在支韵，属叠韵。

具有双声或叠韵关系的两个音节，有的构成双音节的单纯词，即联绵词，例如：

蟾蜍　踌躇　璀璨　仿佛　恍惚　伶俐　枇杷

徜徉　从容　徘徊　料峭　嶙峋　窈窕　峥嵘

有的两个音节的意义相近或相关，构成联合式复合词或并列关系的短语，例如：涤荡、饥馑、羁縻、涕泗等。

16. 联绵词在语音上有什么特点？

答：联绵词，古人叫作联绵字，因为古人把现代意义上的词称为“字”。很多联绵词的两个音节是双声或叠韵的关系。例如：

双声：仓促　参差　磊落　流离　匍匐　黾勉　憔悴

　　　荏苒　蟋蟀　邂逅　容与　萧瑟　犹豫　踯躅

叠韵：婵媛　崔嵬　蹉跎　蜾蠃　菡萏　觳觫　彷徨

　　　婆娑　逡巡　螳螂　望洋　逍遥　须臾　偃蹇

双声兼叠韵：缤纷　绵蛮　缱绻　辗转　燕婉

还有一些联绵词的两个音节，既不是双声也不是叠韵。例如：

跋扈　鸱鸮　扶摇　铿锵　滂沱　梧桐　鹦鹉

需要说明的是，古汉语中联绵词的所谓双声叠韵是根据古音

（上古音或中古音）来说的，上文已经论及，不再赘述。

17. 押韵的“韵”是指韵母吗？

答：古代诗歌要求押韵，“韵”和韵母不是一回事。

韵母是汉语一个音节中声母后面的部分，由韵头、韵腹、韵尾三部分组成，韵母可以没有韵头、韵尾，但一定有韵腹。韵不包括韵头，除包括韵腹和韵尾外，还包括声调。也就是说，诗歌中押韵的字，韵腹、韵尾和声调都要相同。汉语诗歌押韵的字一般在句尾，叫作韵脚。例如李白的《与史郎中钦听黄鹤楼上吹笛》：

一为迁客去长沙，西望长安不见家。黄鹤楼中吹玉笛，江城五月落梅花。

诗中韵脚是“沙”“家”“花”。这三个字在《广韵》中都属于麻韵，都是平声字。“沙”和“家”是开口，没有 [u] 韵头；“花”是合口，有 [u] 韵头。发展到现代，这三个字除了韵头不同外（“沙”是开口呼，“家”是齐齿呼，“花”是合口呼），韵腹和声调都相同，所以仍然是押韵的。

18.《诗经》中押韵的字都是在句尾吗？

答：《诗经》中押韵的字不都是在句尾。

《诗经》中句尾韵是最普遍的形式，也就是说，大部分诗句押韵的字是在句尾。例如：

相鼠有皮，人而无仪。人而无仪，不死何为？

（《鄘风·相鼠》）

陟彼崔嵬，我马虺隤。我姑酌彼金罍，维以不永怀。

（《周南·卷耳》）

另外，《诗经》里很多诗句是以代词或语气词结尾的，押韵的一般是代词或语气词前面的字。这种情况可以看作句中韵，也有人把它看作变相的句尾韵。句尾常用的代词或语气词有“之”“我”“矣”“也”“只”“思”“兮”“猗”等。例如：

参差荇菜，左右流之。窈窕淑女，寤寐求之。

（《周南·关雎》）

有酒湑我，无酒酤我。坎坎鼓我，蹲蹲舞我。

（《小雅·伐木》）

陟彼砠矣，我马瘏矣。我仆痡矣，云何吁矣！

（《周南·卷耳》）

墙有茨，不可束也。中冓之言，不可读也；所可读也，言之辱也。

（《鄘风·墙有茨》）

母也天只！不谅人只！

（《鄘风·柏舟》）

19.《诗经》是句句押韵吗？

答：《诗经》的押韵情况比较复杂，并不一定是句句押韵，大致可以概括为三种：

第一，句句押韵。即每一句都押韵。例如：

硕鼠硕鼠，无食我黍！三岁贯女，莫我肯顾。逝将去女，适彼乐土。乐土乐土，爰得我所。

（《魏风·硕鼠》）

第二，隔句押韵。一般是奇句不押韵，偶句押韵。这是《诗经》里最常见的押韵形式。例如：

采采卷耳，不盈顷筐。嗟我怀人，置彼周行。

（《周南·卷耳》）

桃之夭夭，灼灼其华。之子于归，宜其室家。

（《周南·桃夭》）

还有的是除偶句押韵外，首句也入韵。例如：

关关雎鸠，在河之洲。窈窕淑女，君子好逑。

（《周南·关雎》）

风雨凄凄，鸡鸣喈喈。既见君子，云胡不夷？

（《郑风·风雨》）

第三，交韵。即奇句和奇句押韵，偶句和偶句押韵。例如：

彼黍离离，彼稷之苗。行迈靡靡，中心摇摇。

（《王风·黍离》）

第一句和第三句的韵脚“离”“靡”都属歌部，第二句和第四句的“苗”“摇”都属宵部。

20. 如何利用《诗经》押韵归纳上古韵部？

答：利用《诗经》押韵归纳上古韵部，可以使用韵脚字系联法。例如：

求之不得，寤寐思服。悠哉悠哉，辗转反侧。

（《周南·关雎》）

坎坎伐辐兮，置之河之侧兮，河水清且直猗。不稼不穑，胡取禾三百亿兮？不狩不猎，胡瞻尔庭有县特兮？彼君子兮，不素食兮！

（《魏风·伐檀》）

肃肃鸨翼，集于苞棘。王事靡盬，不能艺黍稷。父母何食？悠悠苍天，曷其有极？

（《唐风·鸨羽》）

《关雎》第二章中，“得、服、侧”三个字押韵;《伐檀》第二章里，“侧”与“辐、直、亿、特、食”押韵;《鸨羽》第二章里，“食”又和“翼、棘、稷、极”押韵。这样，就可以把相关韵脚字联系起来，组成一个韵部。

前人的古韵分部情况大致是：顾炎武《古音表》十部，江永《古韵标准》十三部，段玉裁《六书音均表》十七部，孔广森《诗声类》、朱骏声《说文通训定声》十八部，王念孙《诗经群经楚辞韵谱》、江有诰《诗经韵读》二十一部，章太炎二十二部，戴震二十五部，黄侃二十三部。王力《汉语史稿》二十九部，又在他主编的《古代汉语》里定为三十部。

21. 如何理解清代段玉裁所说的“同谐声者必同部”？

答：清代段玉裁在《古十七部谐声表》（见《六书音均表》表二）中提出了“同谐声者必同部”的主张。谐声，就是形声。这句话是说声旁相同的形声字在上古属于相同的韵部。例如“包”以及用“包”作声旁的“苞”“饱”“袍”“鲍”“炮”等字属于同一个韵部。再比如，“每”的声旁是“母”，则“每”和“母”属于同一个韵部，而且以“每”为声旁的“梅”“悔”“晦”“诲”“敏”等字也和“每”“母”同属一个韵部。

有一些形声字产生于《诗经》时代以前，根据形声字推断出的韵部有时和《诗经》韵部不一致，那就以《诗经》为准。还有一些后起的形声字，也不一定能够以此类推。

22. 王力先生归纳的上古音三十韵部有什么规律？

答：王力先生归纳的上古音三十韵部及其拟音如下表所示：

类	阴	入	阳
第一类	之部 ə	职部 ək	蒸部 əŋ
第二类	幽部 əu	觉部 əuk	冬部 əuŋ
第三类	宵部 au	药部 auk	
第四类	侯部 o	屋部 ok	东部 oŋ
第五类	鱼部 ɑ	铎部 ɑk	阳部 ɑŋ
第六类	支部 e	锡部 ek	耕部 eŋ
第七类	脂部 ei	质部 et	真部 en
第八类	微部 əi	物部 ət	文部 ən
第九类	歌部 a	月部 at	元部 an
第十类		缉部 əp	侵部 əm
第十一类		叶部 ap	谈部 am

这古韵三十部从各部的韵尾来看，可以分作阴声韵、入声韵和阳声韵，根据主要元音相同，韵尾发音部位一致（如果有韵尾的话）的原则，可以归为十一类。它们可以形成三种不同的相配情况：

1. 无韵尾的阴声韵、[u] 韵尾的阴声韵、[k] 韵尾的入声韵、[ŋ] 韵尾的阳声韵相配；

2. [i] 韵尾的阴声韵、[t] 韵尾的入声韵、[n] 韵尾的阳声韵相配（歌部比较特殊，虽然无韵尾，但与 [t] 尾入声韵及 [n] 尾阳声韵相配）；

3. [p] 韵尾的入声韵、[m] 韵尾的阳声韵相配。

这三类韵的韵尾形成整齐的对应局面。

23. 如何认识“叶韵”说？

答：“叶韵”说是在六朝“协韵”（或称“协句”）说的基础上发展起来的。随着语音的发展，《诗经》流传到后代有的韵脚已经不押韵了。人们为了说明《诗经》的押韵情况，认为有些字音应该改读。最有名的例子是南朝梁沈重，他在《诗经·邶风·燕燕》第三章“燕燕于飞，下上其音。之子于归，远送于南。瞻望弗及，实劳我心”中的“南”字下作注说：“协句，宜乃林反。”意思是“南”字如果按本音来读不押韵，改读为“乃林反”就押韵了。

宋代朱熹在《诗集传》中全面发展了这种方法。在当时读起来不押韵的韵脚下，他注“叶某某反”（有时是“叶音某”）以达到押韵和谐的目的。例如《郑风·清人》第三章的注音：

清人在轴（叶音胄），驷介陶陶（叶徒候反）。左旋右抽（叶敕救反），中军作好（叶许候反）。

传统上朱熹的“叶韵”说一直受到批评，学者们多认为这是朱熹为了押韵强改字音。但统观《诗集传》全书的注音，一致性还是比较强的。例如：

泛彼柏舟，在彼中河。髧彼两髦，实维我仪。之死矢靡它。

（《鄘风·柏舟》）

相鼠有皮，人而无仪。人而无仪，不死何为？

（《鄘风·相鼠》）

羔羊之皮，素丝五紽。退食自公，委蛇委蛇。

（《召南·羔羊》）

这三章诗中的“仪”都注音为“叶牛何反”，“皮”都注音为“叶蒲何反”。当然，也存在注音前后不一的现象。例如同是“来”字，在《邶风·雄雉》第三章的“曷云能来”中注音为“叶陵之反”，而在《郑风·女曰鸡鸣》第三章的“知子之来”中注音为“叶六直反”。另外，还有同一句诗中的某个字有两个叶音的情况。例如《郑风·女曰鸡鸣》第二章的注音：

弋言加（叶居之居何二反）之，与子宜（叶鱼奇鱼何二反）之。宜言饮酒，与子偕老（叶吕吼反）。琴瑟在御，莫不静好（叶许厚反）。

现在越来越多的学者认为，朱熹的“叶音”并不是乱改字音，而是用他认为的古音去注音以反映《诗经》时代的押韵情况。至于一字注两个或多个叶音的情况，是因为朱熹认为该字古有两读或多读，在不同的情况下选用不同的读音。

24.《中原音韵》的声母系统有什么特点?

答:《中原音韵》一书，是元代周德清根据当时戏曲四大家（关汉卿、郑光祖、马致远、白朴）等人的戏曲用韵编纂成的。一般认为,《中原音韵》音系是近代音的代表。

有一部分学者认为,《中原音韵》有二十五个声母，这二十五个声母及其拟音如下:

唇音	帮 p	滂 p^h	明 m	非 f	微 v
舌音	端 t	透 t^h	泥 n		来 l
齿音	精 tṣ	清 ts^h		心 s	
	知 tʃ	痴 $tʃ^h$		十 ʃ	日 ʒ
	之 tʂ	嗤 $tʂ^h$		诗 ʂ	儿 r
喉牙音	见 k	溪 k^h	疑 ŋ	晓 x	影 Ø

还有学者认为,《中原音韵》的齿音只有两套，即中古的知庄章在《中原音韵》中合为一类，如下:

唇音	帮 p	滂 p^h	明 m	非 f	微 v
舌音	端 t	透 t^h	泥 n		来 l
齿音	精 ts	清 ts^h		心 s	
	知 tʂ	彻 $tʂ^h$		审 ʂ	日 ɽ
喉牙音	见 k	溪 k^h	疑 ŋ	晓 x	影 Ø

和宋人三十六字母相比,《中原音韵》的声母有如下特点:

1. 全浊声母消失，原全浊声母变成了清声母，清化的规律是“平声送气，仄声不送气”;

2. 轻唇音“非敷奉”三母合一，都变成 [f] 声母。

3. 喻母的全部和疑母的大多数字并入影母，即变成了零声母。

《中原音韵》声母系统不同于现代普通话声母之处是：

1. 没有 [tɕ] 组声母，[tɕ] 组声母仍然分别读见 [k]、溪 [k^h]、晓 [x] 和精 [ts]、清 [ts^h]、心 [s]；

2. 微母字独立，还没有变成零声母；

3. 还有残存的 [ŋ] 声母。中古疑母字虽然大部分已经变成零声母，与影母、喻母合并在相同的小韵中，但还有少数字独立构成小韵。

25.《中原音韵》的韵母系统有什么特点？

答：《中原音韵》有十九个韵母，这十九个韵母及其拟音如下：

1. 东钟	uŋ	iuŋ			11. 萧豪	ɑu/au	iau/iɛu		
2. 江阳	aŋ	iaŋ	uaŋ		12. 歌戈	o	io	uo	
3. 支思	ʅ ʅ				13. 家麻	a	ia	ua	
4. 齐微	ei	i	uei		14. 车遮		iɛ		iuɛ
5. 鱼模	u	iu			15. 庚青	əŋ	iəŋ	uəŋ	iuəŋ
6. 皆来	ai	iai	uai		16. 尤侯	əu	iəu		
7. 真文	ən	iən	uən	iuən	17. 侵寻	əm	iəm		
8. 寒山	an	ian	uan		18. 盐咸	am	iam		
9. 桓欢			uɑn		19. 廉纤		iɛm		
10. 先天		iɛn		iuɛn					

和中古音相比，《中原音韵》的韵母最大的特点是韵部的分化与合流：

1. 没有入声韵部，入声韵部并入阴声韵部；

2. 宕江摄合并为江阳韵，曾梗摄合并为庚青韵；

3. 中古的一个摄分派到不同韵部的比较多，例如《广韵》止摄开口照组和精组字独立为支思韵；止摄合口与蟹摄齐、祭、废、灰诸韵部，泰韵合口，深摄缉韵，臻摄开口质韵、讫韵，曾摄职韵、德韵，梗摄陌韵、昔韵、锡韵部分字合并为齐微韵。

和现代汉语普通话相比，《中原音韵》韵母仍保留了中古的 [iu] 韵头与 [m] 韵尾，即《中原音韵》韵母系统仍旧是开合两呼，[m]、[n]、[ŋ] 三个阳声韵尾。

《中原音韵》里还有一个现象：有一些字同时出现在两个韵部。例如“落烙洛酪络约钥药跃乐学”等字既出现在萧豪韵部又出现在歌戈韵部，像这种同时出现在两个韵部的字多是中古的入声字。这种现象反映了当时戏曲用韵兼收文读音和白读音的情况。

26. 什么是“入派三声”和“入派四声”？

答：“入派三声”和“入派四声”都是说的中古声调的分化情况。

“入派三声”是说中古的入声字在《中原音韵》当中派入了阳平、上声和去声，具体为：古清入派入上声，古全浊入派入阳平，古次浊入派入去声。在《中原音韵》正文中，已经没有入声调，中古的入声字均为“入声作某声”，例如：

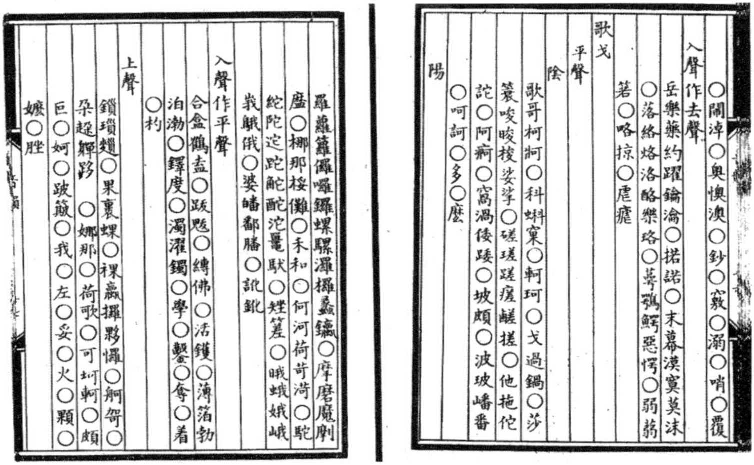
〇闊淖〇奥懊澳〇鈔〇窽〇溺〇哨〇覆
入聲作去聲
岳樂藥約躍鑰瀹〇掿諾〇末幕漠寞莫沫
〇落絡烙洛酪樂珞〇萼鶚鰐惡愕〇弱蒻
著〇略掠〇虐瘧
歌戈
平聲
陰
歌哥柯牁〇科蝌窠〇軻珂〇戈過鍋〇莎
蓑唆睃梭娑挲〇磋瑳蹉瘥鹺搓〇他拖佗
訑〇阿痾〇窩渦倭踒〇坡頗〇波玻嶓番
〇呵訶〇多〇麼
陽
羅蘿籮儸囉玀螺騾濼欏蠡〇摩磨魔劘
鹺〇梛那挼儺〇禾和〇何河荷苛渮〇駝
紽陀迱跎酡酏沱鼉馱〇矬痤〇睋蛾娥峨
莪䳘俄〇婆皤鄱膰〇訛鈋
入聲作平聲
合盒鶴盍〇跋魃〇縛佛〇活鑊〇薄箔勃
泊渤〇鐸度〇濁濯鐲〇學〇鑿〇奪〇着
〇杓
上聲
鎖瑣䵀〇果裹蜾〇裸蠃攞夥儸〇舸哿〇
朶趓軃跢〇娜那〇荷歌〇可坷軻〇頗
叵〇婀〇跛簸〇我〇左〇妥〇火〇顆〇
嫷〇脞

但周德清在《中原音韵·正语作词起例》中说：“入声派入平、上、去三声者，以广其押韵，为作词而设耳。然呼吸言语之间，还有入声之别。”因此对于《中原音韵》时代，口语中是否还保留入声，学术界还有不同看法。

“入派四声”是说中古的入声字在现代汉语普通话中派入阴平、阳平、上声、去声中，具体为：古清入无规律地派入到阴阳上去四个声调，古浊入派入阳平，古次浊入派入去声。很多人对作为普通话语音基础的北京话中古清入字的归派情况进行研究，现在学术界一般认为造成这种状况的原因是方言的接触。

27. 近体诗是怎样分类的？

答：近体诗又叫格律诗，分为律诗、绝句、排律（也叫长律）三大类。“律诗”这个名称有狭义、广义之分，狭义相对于绝句、排律而言，广义的“律诗”即“近体诗”。具体情况如下：

1. 律诗

全诗共八句，包括五言律诗（简称“五律”）、七言律诗（简称“七律”）。五言律诗如：

旅夜书怀　　杜甫

细草微风岸，危樯独夜舟。
星垂平野阔，月涌大江流。
名岂文章著，官应老病休。
飘飘何所似，天地一沙鸥。

七言律诗如：

登高　　杜甫

风急天高猿啸哀，渚清沙白鸟飞回。
无边落木萧萧下，不尽长江滚滚来。
万里悲秋常作客，百年多病独登台。
艰难苦恨繁霜鬓，潦倒新停浊酒杯。

2. 绝句

全诗共四句，包括五言绝句（简称“五绝”）、七言绝句（简称“七绝”）、六言绝句（简称“六绝”，六言绝句不常见）。五言绝句如：

登鹳雀楼　　王之涣

白日依山尽，黄河入海流。
欲穷千里目，更上一层楼。

七言绝句如：

早发白帝城　　李白

朝辞白帝彩云间，千里江陵一日还。
两岸猿声啼不住，轻舟已过万重山。

六言绝句如：

舍北闲望作六字绝句　　陆游

潘岳一篇秋兴，李成八幅寒林。
舍北偶然倚杖，尽见古人用心。

3. 排律（长律）

超过八句，一般都是五言诗，也有七言诗。例如：

伤秋　　杜甫

林僻来人少，山长去鸟微。
高秋收画扇，久客掩荆扉。
懒慢头时栉，艰难带减围。
将军犹汗马，天子尚戎衣。
白蒋风飙脆，殷柽晓夜稀。
何年减豺虎，似有故园归。

28. 近体诗的押韵有什么要求？

答：近体诗在押韵上有严格的要求，可以归纳为以下四点：

1. 押韵的位置固定。偶句押韵，奇句不押韵，首句可以押韵，也可以不押韵。首句押韵的如：

秋日题窦员外崇德里新居　　刘禹锡

长爱街西风景闲，到君居处暂开颜。
清光门外一渠水，秋色墙头数点山。
疏种碧松通月朗，多栽红药待春还。
莫言堆案无余地，认得诗人在此间。

首句不押韵的如：

题扬州禅智寺　　杜牧

雨过一蝉噪，飘萧松桂秋。
青苔满阶砌，白鸟故迟留。
暮霭生深树，斜阳下小楼。
谁知竹西路，歌吹是扬州。

2. 一般只押平声韵。偶尔也有押仄声韵的，但不多见。有的学者认为押仄声韵的诗不属于近体诗。押仄声韵的如：

江雪　柳宗元

千山鸟飞绝，万径人踪灭。
孤舟蓑笠翁，独钓寒江雪。

3. 必须一韵到底。即同一首诗的韵脚字只能在同一韵中选取，中途不能杂用邻韵的字，也不允许“换韵”，如果杂用了其他韵的字，叫作“出韵”。只有入韵的首句可以使用邻韵字，例如：

秋思　　张籍

洛阳城里见秋风，欲作归书意万重。
忽恐匆匆说不尽，行人临发又开封。

首句的韵脚“风”属东韵，第二句和第四句的韵脚“重”和“封”都属钟韵。

4. 用韵遵循“平水韵”。唐宋时期对《切韵》已经有“同用”“独用”的规定。南宋出现“平水韵”之后，文人作诗用韵都遵循“平水韵”。“平水韵”虽然出现在南宋，但它的分韵符合唐人用韵的实际情况。

29.《广韵》的“同用”“独用”是怎么产生的？

答:《切韵》产生以后，唐代把它作为科举考试中写作诗文押韵的标准。但是《切韵》分韵比实际口语细，尤其是随着时间的推移,《切韵》的分韵离口语的实际读音越来越远。参加科举考试的人难于辨别那么多韵。据《封氏闻见记》记载:“隋朝陆法言与颜、魏诸公定南北音，撰为《切韵》。凡一万二千一百五十八字，以为文楷式，而先仙、删山之类分为别韵，属文之士苦其苛细。国初，许敬宗等详议，以其韵窄，奏合而用之。”也就是请求允许相近的韵可以合用。据此，有学者认为“同用”“独用”产生于唐初，也有的学者认为产生于宋朝，是丘雍制定的，还有的学者认为源自许敬宗而丘雍又有所修订。

所谓“同用”，是指《切韵》中在实际口语已经合并的相邻的两个或三个韵在作诗押韵时可以作为一个韵使用。“独用”就是某些韵的字只能单独押韵，不能跟邻近的韵通押。同用的例子如:

登高　　杜甫

风急天高猿啸哀，渚清沙白鸟飞回。
无边落木萧萧下，不尽长江滚滚来。
万里悲秋常作客，百年多病独登台。
艰难苦恨繁霜鬓，潦倒新停浊酒杯。

“哀”“来”“台”属咍韵，“回”“杯”属灰韵，灰、咍同用。独用的例子如：

采莲曲　　白居易

菱叶萦波荷飐风，荷花深处小船通。
逢郎欲语低头笑，碧玉搔头落水中。

“风”“通”“中”都属东韵，东韵独用。

30. 什么叫“平水韵”？

答：平水韵也叫诗韵，是专供近体诗押韵使用的。

《切韵》产生后的影响很大，但由于分韵太细，与实际口语的差距越来越大，政府不得不做出“同用”“独用”的变通规定。

宋仁宗景祐四年，国家负责考试的机关——礼部颁布了一部韵书，名为《礼部韵略》，对《广韵》中的“同用”与“独用”规定做了调整与增补。南宋理宗淳祐十二年，江北平水（今山西临汾）人刘渊编写了一本《壬子新刊礼部韵略》，把《广韵》和《礼部韵略》中规定同用的韵合并为 107 韵，但这本书没有流传下来。

早在刘渊之前，金人王文郁编过一本韵书《平水新刊韵略》，该书比刘渊的《壬子新刊礼部韵略》少一个韵拯韵，因此是 106 韵。

平水韵最初是指刘渊的《壬子新刊礼部韵略》，后来指王文郁的 106 韵。平水韵韵目及其对《广韵》的归并情况如下[①]：

上平声十五韵

一东	二冬（钟）	三江	四支（脂之）
五微	六鱼	七虞（模）	八齐
九佳（皆）	十灰（咍）	十一真（谆臻）	十二文（欣）
十三元（魂痕）	十四寒（桓）	十五删（山）	

下平声十五韵

一先（仙）	二萧（宵）	三肴	四豪
五歌（戈）	六麻	七阳（唐）	八庚（耕清）
九青	十蒸（登）	十一尤（侯幽）	十二侵
十三覃（谈）	十四盐（添严）	十五咸（衔凡）	

上声廿九韵

一董	二肿	三讲	四纸（旨止）
五尾	六语	七麌（姥）	八荠
九蟹（骇）	十贿（海）	十一轸（准）	十二吻（隐）
十三阮（混很）	十四旱（缓）	十五潸（产）	十六铣（狝）
十七筱（小）	十八巧	十九皓	二十哿（果）
廿一马	廿二养（荡）	廿三梗（耿静）	廿四迥（拯等）
廿五有（厚黝）	廿六寝	廿七感（敢）	廿八琰（忝俨）
廿九豏（槛范）			

① 胡安顺，《音韵学通论》，中华书局，2003，128-129 页。

去声三十韵

一送	二宋（用）	三绛	四寘（至志）
五未	六御	七遇（暮）	八霁（祭）
九泰	十卦（怪夬）	十一队（代废）	十二震（稕）
十三问（焮）	十四愿（慁恨）	十五翰（换）	十六谏（裥）
十七霰（线）	十八啸（笑）	十九效	二十号
廿一箇（过）	廿二祃	廿三漾（宕）	廿四敬（诤劲）
廿五径（证嶝）	廿六宥（候幼）	廿七沁	廿八堪（阚）
廿九艳（□酽）	三十陷（鉴梵）		

入声十七韵

一屋	二沃（烛）	三觉	四质（术栉）
五物（迄）	六月（没）	七曷（末）	八黠（辖）
九屑（薛）	十药（铎）	十一陌（麦昔）	十二锡
十三职（德）	十四缉	十五合（盍）	十六叶（帖业）
十七洽（狎乏）			

31.“远上寒山石径斜”中“斜”字应该读 xiá 吗？

答：这种观点是错误的。

《山行》这首诗在中古时是首句入韵的，三个韵脚字“斜”“家”“花”都是假摄麻韵字，“斜”属于假开三，“家”属于假开二，“花”属于假合二，三个字主要元音和声调都相同，只是韵头不同。发展到现代汉语普通话，“斜”和另外两个韵脚字“家”“花”主要元音不同了，有人为了押韵，把“斜”读为

xiá，这是强改字音以求押韵，并不是真正的古音。况且，如果一味追求古音，首先遇到的难题是古音的构拟“只是一种科学的假设”[①]，“绝不能认为构拟出来的就是古代当时准确的读音”[②]，即使声母和韵母能够构拟出准确的读音，调值也是很难拟测的。其次，即使用近似的“古音”去读，那改起来是改不胜改，也会遇到很多麻烦。

现在朗读古代的诗文，应该用普通话，具体读音应遵照最新版的《现代汉语词典》以及教育部等有关部门发布的《普通话异读词审音表》。

32. 近体诗一句之中为什么要平仄相间？

答：讲究平仄和谐是近体诗最显著的声律特征。“平”就是平直，“仄”就是不平。“平仄”这一对概念是就中古声调而言的。中古汉语有平上去入四个声调，其中平是平声，上去入三声是仄声。平仄相间是说在一句之中平仄要间隔出现，两类不同声调的字在诗中交替使用，可以避免单调，增强节奏感，收到抑扬顿挫的效果。

节奏的基本单位是音步，在汉语中音步的长度以双音节占优势，所以近体诗以两个字为一个平仄单位，因此要做到平仄相间，相邻的两个音步就应平仄不同。

---

① 唐作藩，《音韵学教程（第五版）》，北京大学出版社，2016，134 页。

② 同上。

一般认为，平仄相间就是前两个字是平声，后两个字是仄声，或相反；余下的单音节则放在句末或句中。这样，五言近体诗的平仄就有四种基本格式：

甲式　仄仄平平仄（仄起仄收式）

乙式　平平仄仄平（平起平收式）

丙式　平平平仄仄（平起仄收式）

丁式　仄仄仄平平（仄起平收式）

七言律诗的平仄，可以看成是在五言的基础上在句首加上平仄相反的音步形成的：

甲式　平平仄仄平平仄（平起仄收式）

乙式　仄仄平平仄仄平（仄起平收式）

丙式　仄仄平平平仄仄（仄起仄收式）

丁式　平平仄仄仄平平（平起平收式）

但实际上，格律诗的节奏是从诗句的起首算起，每两个音节构成一个音步，最后一个音节独立成为一个音步，所以五言诗的节奏是“二二一”，七言诗的节奏是“二二二一”。这样势必会有“平仄”或“仄平”组合的音步。一个双音节的音步是平是仄，起决定作用的是后一个音节的声调，因此，“平仄”组合的音步属仄声，“仄平”组合的音步属平声。用这种理论解释，近体诗仍然是一句之中平仄相间的。至于余下的单音节，则看两组或三组双音节组合后的最后两个音节，如果最后两个音节平仄相同，则余下的单音节平仄要和前面的音节相反；如果最后两个音节平仄不同，则余下的单音节平仄要和前面的音节相同。

33. 为什么有些唐诗读起来感觉并不合平仄要求?

答：有些唐诗读起来感觉不合平仄要求，这是由于语音的变化造成的。

近体诗的平仄是就中古的声调说的。中古有四个声调，分别是平、上、去、入，其中平是平声，上、去、入是仄声。发展到现代汉语，中古的平声分化为阴平和阳平，全浊上声归入去声，这些都对平仄不造成影响。古代的入声现在分别归到阴平、阳平、上声和去声里，归入阴平和阳平的就会影响我们对字音平仄的判断。例如下面这首诗的平仄是：

春夜洛城闻笛　　李白

平平仄仄仄平平　仄仄平平仄仄平

谁家玉笛暗飞声，散入春风满洛城。

仄仄仄平平仄仄　平平仄仄仄平平

此夜曲中闻折柳，何人不起故园情。

第一句中的“玉”“笛”、第二句中的“入”“洛”、第三句中的“曲”“折”、第四句中的“不”都是中古入声字，其中“玉”“入”“洛”“曲”“不”有的读去声，有的读上声，仍旧属仄声；“笛”和“折”现代读阳平，属平声。如果按照现代的读音去分析这首诗的平仄，就会觉得不合要求了。

34. 什么是犯孤平?

答：犯孤平是就乙式句说的。如果五言乙式句“平平仄仄平”的第一个字或七言乙式句“仄仄平平仄仄平”的第三个字不用平声字而用仄声字，那么整个句子中除了韵脚之外只有一个平声字，这种情况叫作“犯孤平”。犯孤平是律诗的大忌。需要注意的是，孤平只指五言和七言的乙式句。

五言乙式句“平平仄仄平”第一字如果用了仄声字，就把本句第三字改用平声字，使原格式成为：仄平平仄平。比如李白《夜宿山寺》最后一句“恐惊天上人”，其平仄格式本应是“平平仄仄平”，但第一字用了仄声字“恐”，于是第三字改用平声字“天”。

七言乙式句“仄仄平平仄仄平”第三字如果用了仄声字，就把本句第五字改用平声字，使原格式成为：仄仄仄平平仄平。比如杜甫《至后》第二句“远在剑南思洛阳”，其平仄格式本应是“仄仄平平仄仄平”，但第三字用了仄声字“剑”，于是第五字改用平声字“思”。

35. 什么是律诗中的“联”，每一联诗句的平仄有什么要求？

答：律诗由八句组成，这八句组成四联：一、二句叫“首联”，三、四句叫“颔联”，五、六句叫“颈联”，七、八句叫“尾联”。每联第一句叫“出句”，第二句叫“对句”。

绝句由律诗截取而成（或取前两联，或取后两联，或取首尾两联，或取中间两联），字数、句数都是律诗的一半。长律是律诗的延长，在平仄要求上与律诗一致。

每一联诗句对平仄的要求是对句的平仄要和出句的平仄相对，即相反：出句为平的地方，对句应为仄，反之亦然。这叫“一联之内平仄相对”。比如，出句的平仄格式是“仄仄平平仄”，对句就应该是“平平仄仄平”。例如刘禹锡《酬乐天扬州初逢席上见赠》首联“巴山楚水凄凉地，二十三年弃置身”的平仄格式是“平平仄仄平平仄，仄仄平平仄仄平”。如果违反了平仄相对的规定，叫作“失对”。

不过，近体诗首句可以入韵，押韵又要求押平声韵，如果要求字字相对，就太难写了。因此，近体诗的平仄要求中有一些变通的办法，这就是“一三五不论，二四六分明”。

36. 平仄“一三五不论，二四六分明”适用于所有律诗吗？

答：“一三五不论，二四六分明”是说七言律诗的第一、第三、第五个字的平仄可以自由，可以不对。如果是五言律诗，则是一三不论，二四分明。

但是“一三五不论，二四六分明”是有条件的。有时候一三五不能不论，有时候二四六可以不分明。

一、一三五不能不论的情况如下。

1. 避免犯孤平

上文说过，如果五言乙式“平平仄仄平”的第一个字或七言乙式“仄仄平平仄仄平”的第三个字不用平声而用仄声字，这就是犯孤平。犯孤平是律诗的大忌。所以五言乙式句的第一字和七言乙式句的第三字必须是平声。

2. 避免三平调

避免三平调是针对丁式句说的。如果五言丁式“仄仄仄平平”的第三字和七言丁式“平平仄仄仄平平”的第五字改用平声字，那么句末就会出现连用三个平声的情况，这叫作“三平调”，三平调是古体诗专用的形式，在近体诗中是绝不允许出现的。所以五言丁式的第三个字和七言丁式的第五个字必须是仄声。

二、二四六可以不分明的情况如下。

1. 甲式句的第四 / 六字

五言甲式句“仄仄平平仄”的第四字和七言甲式句“平平仄仄平平仄”的第六字可以换用仄声字，但条件是对句的第三字（五言）或第五字（七言）要改用平声字。即：

出句：（平平）仄仄平平仄 →（平平）仄仄平仄仄

对句：（仄仄）平平仄仄平 →（仄仄）平平平仄平

2. 丙式句的第四 / 六字

五言丙式句“平平平仄仄”的第四字和七言丙式句“仄仄平平平仄仄”的第六字可以换用平声字，但条件是本句的第三字（五言）或第五字（七言）要改用仄声字。即：

（仄仄）平平平仄仄 →（仄仄）平平仄平仄

从唐诗的实际情况看，“（仄仄）平平仄平仄”的格式更常见。

37. 律诗每两联的平仄要相黏是什么意思？

答：两联的平仄要相黏是指下一联出句第二个字的平仄要和

上一联对句第二个字的平仄相同。五言律诗以首句仄起仄收式为例，其前两联可以示例如下：

首联　仄仄平平仄

平平仄仄平（对句）

颔联　平平平仄仄（出句）

仄仄仄平平

七言律诗以首句平起仄收式为例，其前两联可以示例如下：

首联　平平仄仄平平仄

仄仄平平仄仄平（对句）

颔联　仄仄平平平仄仄（出句）

平平仄仄仄平平

不合乎黏的规则的，叫“失黏”。初唐时期，近体诗的规则尚不严密，失黏的现象较多，中唐以后就很少见了。

38. 什么叫拗救？

答：所谓拗，是指诗句中某字的声调不符合平仄的规定，应该用平声而用了仄声，或者应该用仄声而用了平声。拗句便是指平仄不符合规定的诗句。

所谓救，是指诗句中出现了“拗”的情况时，通过改换本句或对句某个位置上的字的平仄，对拗字起到补救的作用。

“拗”的结果是使句子的平仄失去了平衡，“救”的目的是要让句子的平仄尽量接近平衡，基本特点是以平救仄，或者以仄救平。

如上文提到的孤平就属于拗，出现了孤平之后，把本句第三字（五言）或第五字（七言）改用平声字，这就是救。再比如甲式句的第四字（五言）或第六字（七言）如果用了仄声字，也属于拗，补救的方式是对句的第三字（五言）或第五字（七言）要改用平声字。

参考文献

［1］林焘，耿振生．音韵学概要［M］．北京：商务印书馆，2008.

［2］唐作藩．音韵学教程（第五版）［M］．北京：北京大学出版社，2016.

［3］刘晓南．朱熹叶音本意考［J］．古汉语研究，2004（3）．

［4］陈鸿儒．《诗集传》叶音辩［J］．古汉语研究，2001（2）．

［5］王淑霞．荣成方言志［M］．北京：语文出版社，1995.

［6］钱曾怡．烟台方言报告［M］．济南：齐鲁书社，1982.

［7］钱曾怡，曹志耘，罗福腾．诸城方言志［M］．长春：吉林人民出版社，2002.

［8］邵燕梅，刘长锋，邵明武．沂南方言志［M］．济南：齐鲁书社，2010.

［9］北京大学中国语言文学系语言学教研室．汉语方音字汇（第二版）［M］．北京：文字改革出版社，1989.

［10］王兆鹏．《广韵》“独用”、“同用”使用年代考［J］．中国语文，1998（2）．

［11］吴为善．汉语节律的自然特征［J］．上海师范大学学报，2003（2）．

［12］胡安顺．格律诗的节奏刍议［J］．陕西师范大学学报，1997（3）．

［13］朱诚主编．古代汉语专题教程［M］．北京：中国人民大学出版社，2010.

训　　诂

1. 训诂学和词义学有什么区别和联系?

答：区别：训诂学并不等于词义学。训诂学虽然以研究疑难词义为重点，但研究范围不限于词义，还旁涉名物考据、语法、修辞、校勘等问题，只要是文献中有阅读障碍的问题都是训诂研究的范围。词义学的研究范围比较狭小，仅限于古今语言的词义。词义学重视理论，系统性较强；训诂学更重视实用，经验性的东西更多。

联系：这两门学科研究的重点都是词义。训诂学的研究成果为词义学研究提供了原始的文献语料，词义学的理论和方法又可以促进训诂学进一步理论化、系统化。从某种程度上可以说，训诂学就是古代汉语词义学。

2. 什么是“右文说”？

答：右文说是训诂学上一种主张从声符推求字义的学说。这种学说认为，声符相同的一组形声字具有共同的意义，声符决定意义，形符只决定该字所表示意义的类别。因为声符大多居于字的右侧，所以人们称这一学说为“右文说”。宋代王圣美首倡此说。沈括《梦溪笔谈》卷十四说：

> “王圣美治字学，演其义以为右文。古之字书皆从左文。凡字，其类在左，其义在右。如水类，其左皆从水。所谓右文者，如戋，小也。水之小者曰浅，金之小者曰钱，歹而小者曰残，贝之小者曰贱。如此之类，皆以戋为义也。”

这就是说，凡从“戋”声的字都有小的意义在内。声符不仅表示字音，还表示字义。这种从字音求字义的学说认识到了语音和语义之间的联系，给因声求义的训诂方法提供了重要的线索，也是因声求义训诂方法的重要内容。但有以偏概全之嫌，声符相同的字意义不一定都相通，不能认为所有的声符都表意。

3. 什么是形训？

答：形训是训诂学术语，指根据字形结构来解释字的意义。汉字是表意文字，其形体和字义有直接的联系。造字时因义构形，故可因形而求其义。传统训诂学的形训，一般以小篆字形为标准，因为在甲骨文、金文发现之前，小篆最古，而且有《说文解字》为材料依据。第一个系统运用“六书”来分析字义的是东汉的许慎，故其《说文解字》被称为“形书”，后来成为形训的依据。《说文解字》里面分析汉字结构的表述内容即形训。如《说文解字·臣部》：“臣，牵也。事君也。象屈服之形。”“牵也”属声训，“事君也”属义训，“象屈服之形”属形训。

4. 什么是声训？

答：声训是训诂学术语，又叫“音训”，指用音同、音近的字来解释词义。这种方法产生很早，如《论语》：“政者，正也。”汉代声训之法已经广泛使用，东汉末刘熙《释名》一书就是专用声训之法解释词义的著作。声训揭示了词的语源，从语源的关系看，有些关系确实存在，但有时不免牵强附会，《释名》中的解释，很多是不可靠的。清代学者有的滥用声训，也颇多主观臆断。声训必须依据古音，且要有古代文献作为依据，若没有古代文献的证据，不能随便联想。声训在明语源、破假借、明方言等方面都有一定的价值，是“因声求义”方法的重要内容。

5. 什么是义训？

答：义训是训诂学术语，义训就是不借助形和音，直陈词义。义训是训诂学最主要的训诂方法。这一方法由来已久，《尔雅》多采用义训。凡是形训、声训不能包括的训释，都是义训。如《尔雅·释诂》：“祖，始也。”《尔雅·释畜》：“二足而羽谓之禽，四足而毛谓之兽。”义训的主要训释方式是互训和义界。互训即用同义词相互训释，即以词释词。如《说文》：“问，讯也。”这种以词释词的方式有时难以表达清楚则用义界。义界是用一句话来解释一个词，如《说文》：“房，室在旁也。”这种方式便于对词义做全面的概括。

6.“传”与“笺”这两种训诂体式有何区别？

答：“传”主要是用来解释经书的，有的是阐明经书的微言大义，如《毛诗故训传》《春秋左传》；有的不依经文而别自为说，称为“外传”，如《韩诗外传》《春秋外传》（即《国语》）。

“笺”是表识的意思，注书称“笺”，从汉代郑玄开始，郑玄注解《诗经》，以汉代毛亨的注解为主，在原注简略不明的地方加以补充发挥，或记下自己的不同看法。“笺”作为对“传”

的阐明和补充，有其特定的意义，不同于一般的以释词串讲为注的解释。

7.“读如”“读若”与“读为”“读曰”作用相同吗？

答：这两组术语的基本作用并不相同。

“读为”“读曰”一般是用来说明通假字关系的，易其字而读其音，是破字术语。如《诗经》：“淇则有岸，隰则有泮。”郑玄笺：“泮，读为畔。”即诗句中“泮”是个通假字，本字是“畔”。

“读如”“读若”基本是注音用语，是用音同音近的字给被释字注音。古代注音有“读若法”即是使用这一组术语的注音方法。如《说文》：“芨，读若急。”但有时这一组术语也用来破假借字，《说文》中的“读若”常常既注音又破字。

8. 什么是“当作”“当为”？

答：“当作”“当为”是校勘术语，用来校正文献中的错字，并指明正确的写法。文献中的错字，有的是音近而误，有的是形近而误。如《周礼》：“共豆脯。”郑玄注：“脯非豆实，豆当为羞，声之误。”需要注意的是，古人说的“声之误”有时是通假字或古今字，这是由于古人术语不严谨之故。“当作”“当为”这两个术语在汉代已经使用，后人沿用之。

9.“如字”是在什么情况下使用的？

答：古书中常有一字多音的现象，读音不同，往往表示词义和词性的不同。如果要说明某个多音字要按它的本音（也是最常用音）读，通常就用“如字”。如果一个字下面既注“如字”，又注别的音，就表示该字在特定的上下文中历来有不同的读法，“如字”仍是按照其本音读。

如《左传·隐公元年》：“卫国在汲郡朝歌县。”《经典释文》：“朝，如字。”“朝”应该读 zhāo，不读 cháo。《礼记·大学》：“所谓诚意者，勿自欺也，如恶恶臭，如好好色。”《经典释文》：“恶恶，上乌路反，下如字。”意即第一个恶读 wù，第二个恶读 è。

10. 什么是反训？

答：反训是训诂学术语，是用反义词相互训释的释词方式。如《尔雅》：“乱，治也。”意义相反的词可以相互训释，原因在于某些事物本身具有两个相对立、相反的特征。反训现象的存在，体现了人们的辨证思维，是语言中十分值得注意的现象。反训又称“正反同辞”“美恶同辞”“施受同辞”。“反训”容易造成文献句义理解上的困难或错误，后人多从有相反二义之词的使用角度着眼，不把反训当作一种释词方式，而是认其为一种词义现象。

11. 什么是“一声之转”？

答：一声之转又称为“音转”“声转”“语转”，是传统训诂学的重要术语。指汉字的字音随着意义分化或方音差异而产生变化，从而在书写上改用另形的现象。音转有两种类型，一种是源词意义分化派生出新词，形成义衍同源词。如“霞”（红云）、“葭”（红色的草）。另一种是方言音变推动字形变化，形成音变同源词。如“俺”“我”。探求音转在训诂学上有重要价值，可系联同源词，探求事物得名之源。

12.“浑言”“析言”是在什么情况下使用的？

答：浑言和析言用来辨析同义词。浑言是笼统地说，析言是分析地说。传统训诂学用这两个术语来解释同义词既有同又有异的原因。如《尔雅义疏》：“大者曰犬，小者曰狗。”犬、狗浑言不别，析言有分。段玉裁在《说文解字注》中常用此术语。《说文解字》：“牙，壮齿也。”段注：“《士部》曰：壮，大也。壮齿者，齿之大者也。统言之皆称齿，称牙。析言之则前当唇者称齿，后在辅车者称牙。”但必须注意的是，有的析言是强生分别，带有主观成分。

词　　汇

1. 古今词义的演变有哪几种情况?

答：古今词义演变的情况大致可分为以下四类：词义扩大、词义缩小、词义转移、词的感情色彩的变化。词义扩大的特点是今义大于古义，古义包括在今义中，如“江”“河”，古代专指长江、黄河，今泛指一般的江河。词义的缩小是今义小于古义，如“金”上古指金属，今专指黄金。词义转移指古今异义，不属词义扩大，也不属词义缩小。如“粪”古代是动词扫除义，后指名词粪便。词的感情色彩变化指词义褒贬性质的变化，如“赂”古代指赠送财物，是中性词。今指贿赂，变为贬义。

词义的扩大、缩小一般指词所表示的事物外延的扩大或缩小，即上下位关系的变化，如果是整体与局部关系的变化一般不当成词义的扩大或缩小，如“脸”古代指脸蛋，今指整个脸。

2. 什么是同源词?

答：同源词是从同一词根产生的几个不同的词，其特点是音义相关。如缺（器皿缺）、决（水决口）、玦（玉决口），这几个词都有缺义，读音相同或相近，故为同源词。同源词的产生原因大致有二：一是语言的历史演变，从同一个词根派生出新词，形成义衍同源词，上述一组词即属此类。二是方言音变，由于语音变化，同一词语在方言中发生语转，形成不同的方言变体，形成音变同源词。如《方言》卷五：“床，齐鲁之间谓之箦，陈楚之间谓之笫。”

同源词反映了汉语词族的同源关系，他们在字形上往往有联系，但最重要的是音义上的联系。研究同源词要摆脱字形的束缚，从音义关系上加以考察，并佐证以古代文献资料。

3. 什么是偏义复词？

答：偏义复词是指两个意义相同、相近、相类或相反的词或词素连用，其中一个词或词素表达意义，而另外一个只起陪衬作用，并不表义。这种词义的偏向现象在古汉语中很常见。《礼记·玉藻》："大夫不得造车马。"造的是车，马只是陪衬。

古代汉语中的偏义复词依赖于具体的语境，离开具体的语境无所谓偏义。所以辨析偏义复词，要通过分析上下文来加以确定。现代汉语中也有偏义复词，今用法已经固定，不再依赖于语境。如"国家"，古代指在具体的语境中指国（诸侯封地为国）和家（大夫封地为家），但在现代汉语中只指国，家成了陪衬。"窗户"古代汉语中指窗和门，现代汉语中只指窗，而户字无义。

4. "狐疑"是联绵词吗？

答："狐疑"一词的理据古来有两种解释。一种认为是"像狐狸一样疑虑"。《汉书·文帝纪》："朕甚狐疑。"唐颜师古注："狐之为兽，其性多疑，每渡冰河，且听且渡，故言疑者而称狐疑。"

另一种观点认为"狐疑"是联绵词。王念孙《广雅疏证·释训》"踌躇，犹豫也"条下云："嫌疑、狐疑、犹豫、蹢躅，皆双声字，狐疑与嫌疑一声之转耳，后人误读狐疑二字，以为狐性多疑，故曰狐疑。……夫双声之字，本因声以见义，不求诸声而求诸字，固宜其说之多凿也。”

现代学者大都信从王念孙的解释。其实狐狸狡猾多疑是古今中外相当普遍的民俗观念。伊索寓言中就有不少反映狐狸狡猾多疑的故事，如《乌鸦和狐狸》《狐狸和仙鹤》《狮子和狐狸》《狐狸和山羊》等。

我国古代也是一样。《国语·吴语》：“夫谚曰：‘狐埋之而狐搰之。’是以无成功。”这是说狐性多疑，才埋藏一物，又挖出查看，比喻犹豫多虑，办事难成。

5.“腊”的本义是“腊月”吗？

答：“腊”是祭祀之名，非腊月义，但腊月来源于此。《说文》：“腊，冬至后三戌，腊祭百神。”冬至后三戌者，指冬至后第三个戌日。古用干支纪日，如今之上巳节（三月的第一个巳日）、端午节（五月的第一个午日）皆来源于此。腊者，猎也，腊日要打猎，用猎物祭祀百神，故叫腊。腊日原在冬至后第三个戌日，后改在十二月初八，故把腊日所在的农历十二月叫腊月。十二月八日乃佛教释迦牟尼“成道”日，释迦牟尼喝了牧牛女之乳糜而悟道成佛，今喝腊八粥之习俗盖源自此。腊八节乃国产，腊八粥乃舶来品。

6.《左传》“未尝君之羹”中的“羹”是指羹汤吗？

答：羹之本义是用肉类或菜蔬等制成的带浓汁的食物，非今之汤也。上古的“羹”一般是指带汁的肉。“羹”表示汤的意思，是中古以后的事情。不和五味的叫大羹，古代祭祀时用。《礼记·乐记》：“大羹不和。”郑玄注：“大羹，肉湆，不调以盐菜。”用五味调和的叫和羹，五味指醯、醢、盐、梅和一种菜。《诗经·商颂·烈祖》：“亦有和羹。”孔颖达疏：“羹者，五味调和。”不加菜的羹叫“臛”。

段玉裁《说文解字注》：“凡羹齐宜五味之和，米屑之糁。晏子曰：和如羹焉，水火醯醢盐梅以亨鱼肉。凡鱼肉必用菜，菜谓之芼。芼及醯醢盐梅是之谓五味之和也。实于铏谓之铏羹，肉汁不和五味谓之大羹。”

7.“表”的本义是什么？

答：《说文解字》：“表，上衣也。从衣从毛。”上衣就是加在上面的衣服，即外衣。许慎把上衣当作“表”的本义，是不对的。“表”的本义是指裘的有毛的这一面。古人穿皮衣服，皮子有毛的一面在外，故篆文中“表”从衣从毛。后来引申为凡外衣皆谓之“表”，又引申为泛指外表、外面，与“里”相对。外则远，故又引申为远，今有“表兄”，非同堂亲属谓之表。

8.“除夕”的“除”是什么意思？

答：《说文》：“除，殿陛也。”本义是宫殿的台阶，泛指台阶，今有“庭除”。韩愈《蓝田县丞厅壁记》：“水漉漉循除鸣。”

段注："殿陛谓之除，因之凡去旧更新皆曰除，取拾级更易之义也。"台阶是更替的，故引申出更替义。"除夕"者，新旧年交替之日也；"除官"，除旧官拜新官职也。《陈情表》："除臣洗马。"除去谓之除，修整亦谓之除，"除道"谓修道也。正反同辞。

9. 鬻和粥有何关联？

答：鬻即今粥之古字。《说文》中无粥字。今鬻常用义为卖，音 yù，如"卖官鬻爵"。"賣（叫卖）""賣（出售）"二字形、音、义皆不同，后隶变二字混同，导致义项之间的沾染。"粥"本义是粥饭，zhōu 是后起音，早期音 yù，故可和"賣"相通。賣是喻母四等，粥之 zhōu 音是照母三等，皆从上古舌头音分化而来。

10. "为"的本义是母猴吗？

答：《说文》："为，母猴也。"母猴，猕猴也，马猴也，皆语之转，非公母之谓也。为的本义是以手牵象劳作，许慎以小篆解本义，失之。甲骨文作，象手牵大象之形。罗振玉《增订殷虚书契考释》："为从爪从象，以手牵象，古者役象以助劳，尚在服牛乘马之前。"引申为行为、作为义。引申为认为义，今有"以为"，同义连文。虚词有假如义，《战国策》："秦为知之，必不救也。"又有因为义，《荀子》："天行有常，不为尧存，不为桀亡。"又为语气词，今有"何以家为"。

11. 辛弃疾《清平乐》“最喜小儿无赖”中的“无赖”是什么意思？

答：这里的“无赖”用今天的“放刁撒泼、蛮不讲理”的意义去理解是讲不通的。

“无赖”在古汉语中有“可爱”的意思。唐代徐凝《忆扬州》诗：“天下三分明月夜，二分无赖是扬州。”宋周邦彦《望江南》词：“歌席上，无赖是横波。”辛弃疾《浣溪沙》词：“啼鸟有时能劝客，小桃无赖已撩人。”这些诗词中的“无赖”都是“可爱”的意思。“最喜小儿无赖，溪头卧剥莲蓬”是说最令人喜欢的是小儿躺在溪水边剥莲蓬的可爱样子。

12. “学而优则仕”的原义是什么？

答：《论语・子张》：“子夏曰：仕而优则学，学而优则仕。”这里“优”不是优秀义，是空闲、有余力义。学习了还有余力，就去做官。后指学习成绩优秀然后提拔当官。《诗经・大雅》：“伴奂尔游矣，优游尔休矣。”“优游自若”“优游自得”中的“优”皆此义。

《说文》：“优，饶也。”段注：“《食部》饶下曰：饱也。引伸之凡有余皆曰饶。《诗・瞻卬》传曰：优，渥也。笺云：宽也。《周语》注曰：优，饶也。《鲁语》注曰：优，裕也。其义一也。引申之为优游、为优柔、为俳优。”

13. “贼”的本义是小偷吗？

答：《说文》：“贼，败也。”本义是毁坏。《论语》：“乡原，德之贼也。”贼在上古不是小偷义，大逆不道的人叫“贼”，如曹贼、董贼。强盗也可叫贼。一般的小偷叫盗，“盗贼”连文也指小偷。偷无小偷义，是苟且义。今一般的小偷叫贼，大的小偷叫盗，如“江洋大盗”。

贼，害。又指害人的人，如“老而不死是为贼”。引申为杀，《韩非子》:“二人相憎，而欲相贼。”引申出狠毒义，《三国志》:“董卓狼戾贼忍。”

14. 介子推“割股”是割屁股吗？

答:《庄子·盗跖》有“介子推自割其股以食文公”的记载，但“股”指的是大腿，屁股是后起义。《说文》:“股，髀也。”段注:“《骨部》曰：髀，股外也。言股则统髀，故曰髀也。”《论语·宪问》疏:“膝上曰股，膝下曰胫。”《战国策·秦策》:“读书欲睡，引锥刺其股。”“肱股”本义是大臂和大腿，喻左右辅助得力的人。

15.“风马牛不相及”一语具体作何理解？

答:《左传·僖公四年》:“君处北海，寡人处南海，唯是风马牛不相及也，不虞君之涉吾地也何故？”最为流行的解释是“牝牡相诱谓之风”，该解释不妥。“风马牛”应该解释成马牛走散。“风”训为“放”，实际上就是“放”的借字。二字皆为帮母，韵部阳侵通转。阳侵通转在上古汉语中较为常见，如“黥”音转而为“黔”,《诗经·周颂·烈文》以“崇”“皇”押韵，

《汉书·李广传》“而诸妄校尉以下”张晏注“妄犹凡也”，皆可为证。

“放”用于表示家畜佚失，典籍中也有其例。《孟子·尽心下》：“今之与杨墨辩者，如追放豚。”赵岐注：“放逸之豕豚。”又《告子下》：“人有鸡犬放，则知求之。”《吕氏春秋·仲冬纪》：“仲冬之月，牛马畜兽有放佚者，取之不诘。”“放豚”例同“风马牛”，“鸡犬放”例同“马牛其风”。可知“风马牛”意为走失的马牛，“马牛其风”意为马牛如若走失。

16.“沧海一粟”中的“粟”能解释为沙子吗？

答：有人认为“沧海一粟”中的“粟”解释为米粒、谷粒是不对的，理由是“大海与米粒根本没有内在联系，将二者扯到一起，是不合情理的”，主张“粟”应作“沙子”解。“粟”在古汉语中常喻指微小之物。“沧海一粟”出自苏轼的《前赤壁赋》“渺沧海之一粟”句中，作者旨在将事物浩大与微小的两端加以对照，以说明人生天地之间犹粟粒之在沧海，并不在乎“粟”与“沧海”有无内在联系。若“粟”作粟粒讲不合情理，对“大海捞针”又有何说？大海与针又有何联系呢？《康熙字典》《古汉语常用字字典》等“粟”设立沙子的义项是不能成立的。

17.“抱薪救火”的“抱”能解释成抛弃吗？

答：有人认为“抱薪救火”通常理解为抱了柴草去灭火是不合理的，因为“抱了柴草无法灭火”，于是“抱”被解释成了抛掷，使语意合理化。这种解释没有考虑到语言的社会性。一个词的释义，不但在此处能讲通，还要在其他地方也能讲通，这样的解释才是有说服力的。语言事实告诉我们，“抱”没有抛弃义，这里的“抱”只能理解为抱持。“抱薪救火”又作“负薪救火”可为明证。

18.“行李”为何有使者的意思?

答:《左传·僖公三十年》:“若舍郑以为东道主，行李之往来，共其乏困。”杜预注:“行李，使人。”“行李”为何有使者的意思?目前有两种解释：一种意见认为“李”是“使”的形误或假借；另一种意见认为“行李”就是“行理”，“李”和“理”都是治理、处理的意思。究竟哪一种看法符合实际呢?先秦两汉典籍中写作“行李”、“行理”的屡见不鲜，但写作“行使”的找不到一例，这表明使者在先秦时期就叫“行理”，而非“行使”。“李”应该是“理”的借字，“李”为“使”字形误或假借的看法不符合词义的社会性原则，是不可取的。

19.《触龙说赵太后》“太后盛气而揖之”中的“揖”该做何解释?

答:“揖”当是“胥”之误。“胥”通“须”，等待也。王念孙在《读书杂志·战国策杂志》中指出揖是“胥”字之误，这不仅有《史记·赵世家》中所引《战国策》作为根据，而且帛书《战国纵横家书》出土后进一步得到了证实。然而至今有些注本仍按照“揖”字来理解文意。

20.“恨”的古今词义有何变化？

答：恨之本义是遗憾，非怨恨也。《说文》：“恨，怨也。”许说非本义。“商女不知亡国恨”，谓遗憾也。憾、恨是同义词，都是遗憾的意思。先秦用憾，汉以后用恨。现在的仇恨，古用怨字，恨单独不作仇恨，只有“怨恨”连文才表仇恨。

“恨”在古代确实与“怨”的意思有时相近，但古代“恨”的程度比“怨”轻，实际是不满的意思。《荀子·尧问》：“禄厚者民怨之，位尊者君恨之。”仇恨的意思一般只用“怨”，不用“恨”。到了现代则相反，“恨之入骨”、“怀恨在心”，程度都比“怨”重得多。

21.“民以食为天”中的“天”是什么意思？

答：“天”字，甲骨文、金文均象一站立的人形，但突出人的头部。天的本义是头。《山海经·海外西经》：“刑天与帝争神，帝断其首，葬之常羊之山。乃以乳为目，以脐为口，操干戚以舞。”由于“帝断其首”，故称之为“刑天”，“刑天”即断首之义。由头首的意义引申为开头、首先。所以“民以食为天”跟“民以食为先”是一个意思，“天”指首要之事，而不是上天。

22.“睡”的古今词义有何变化？

答：《说文》：“睡，坐寐也。”睡的本义是坐着打瞌睡，非今之睡觉。《战国策·秦策》:“读书欲睡,引锥自刺其股。”《史记·商君列传》:“孝公既见卫鞅,语事良久,孝公时时睡,弗听。”上古睡觉谓之寝,不一定睡着,故有“就寝”;寐谓睡着,故有“久不能寐”;卧是靠在几上睡觉,故有“隐几而卧”,后指躺在床上,故有“卧铺”、“卧倒”,躺在床上也不一定睡着。眠本义指闭眼,同瞑,故有“死不瞑(眠)目”、“目似眠,意暇甚”。后引申指睡觉,闭眼也不一定睡着。中古以后,睡指睡着,与寐同义;又表示睡觉,与寝同义。今汉语和衣而睡谓之“假寐”。

23.“凌晨”“拂晓”“傍晚”等词的构词依据是什么?

答:与此类似的还有“侵晨”一词。这个词的依据是什么呢?也许人会联想到“清晨”的说法而把“侵”解释成“清”的一声之转。与“侵晨”同义的还有“凌晨”“拂晓”,观察这三个词,不难发现侵、凌、拂都有迫近、接近的意思。杜甫《陪诸贵公子丈八沟携妓纳凉晚际遇雨》:“缆侵堤柳系,幔卷浪花浮。”清仇兆鳌注:“侵,迫近也。”唐张籍《新桃行》:“高未出墙颠,蒿苋相凌摩。”此谓桃与蒿苋接近(相混杂)。明李东阳《丁氏半山亭铭》:“吐吞岚雾,凌薄苍莽。”此谓半山亭迫近苍天。“凌薄”同义连文。《文选·张衡〈东京赋〉》:“云旗拂霓。”此谓云旗触及、接近云霓。

可见“侵晨”“凌晨”“拂晓”组合规律相同,都是“接近天亮”的意思。与此类似的还有“薄暮”“侵黑”“傍晚”“近晚”“向晚”“向明”“向晓”等，“薄”“侵”“傍”“近”“向”也都取迫近之义。

24.《说文》“也，女阴也”的解释合理吗？

答：“也”字《说文》训女阴，不少人不予认同。林义光《文源》卷二：“也为女阴，无所据。当为首施之施本字。”郭沫若《两周金文辞大系图录考释·沈子》：“(也)字乃古文匜，象匜之平视形，《说文》以为象女阴，非也。”说“也”本为匜之初文也许是对的，但“也”有女阴义未可否认。

母亲以生育为能事，万物乃大地所生，故以女阴之“也”称呼大地，后来造字时写作“地”。也为余母歌部，地为定母歌部，二词古音极为近似，可知二者同源。蒙古语中大地 ütügen 也源于女阴，可资参证。

章太炎《文始一·歌泰寒类》：“《说文》：‘也，女阴也。’……孳乳为地。重浊阴为地。古文地只当作也，犹天本训颠，即古文颠字，引申为苍苍之天。人体莫高于顶，莫下于阴(自注：足虽在下，然四支可旁舒，故足不为最下，以阴为极)，故以题号乾坤，其后孳乳作地。”这是说“地”因“也”而得名。章太炎的说法是可取的。

25. 古代“饥”“饿”有何区别？

答：“饥”是现在所说的一般的“肚子饿”，“饿”是严重的饥，指没有饭吃，受到死亡的威胁。所以吃不饱的称“饥民”，而饿死者为“饿殍”。其词义程度轻重区别极明显。有些学者不同意这种说法，他们认为“饥”与“饿”词义上没有轻重之分，因为上古汉语中也有“以礼食则饥而死”（《孟子·告子下》）的说法，有“楚庄王好细腰，故朝有饿人”（《荀子·君道》）的说法。这种说法是不可取的。这是忽略了同义词“统言”和“析言”这两种情况。笼统地看，同义词有同的一面；分析而言，又有细微的差别。

26.《荀子》“劝学”篇中的“劝”是何义？

答:《说文》:“劝，勉也。”劝之本义是劝勉，如“劝农”为鼓励农桑。《荀子》“劝学”篇用的正是此义。“劝进”谓鼓励，促进也。如“上下同心，劝进农业”。特指劝说促使称帝，刘琨有《劝进表》。段注:“《广韵》曰：奖勉也。按勉之而悦从亦曰劝。”说服、讲明事理使人听从义是后起义。

27. 川菜“毛血旺”中的“旺”本字是什么？

答:《说文》:“衁，血也。从血，亡声。”本义即血块。今天有些方言中把用动物的血制成的豆腐状的食物叫“血旺”（如四川、贵州），“旺”本字即衁。

28. 典故“沐猴而冠”中的“沐猴”该如何解释？

答：李时珍在《本草纲目·猕猴》下解释说:“猴好拭面如沐，故谓之沐。”这是望文生训。“沐”只是一个记音字，其含义也是猴，“沐猴”属于同义连文。汉藏语系的其他语言中词义为“猿”或“猴”的词，读音跟“沐”的上古音近似，这种近似又不是个别现象，“沐”上古读明母屋部，王力的拟音为 *mŏk，董同龢的拟音为 *mûk，而古缅语和中古缅语中表示“猿/猴”义的词为 mjok，北部缅语支的载瓦语为 mjuk，藏语族的米助语为 muk，这些词跟古汉语中“沐猴”的沐看来有同源关系，是原始汉藏语的底层成分。

字随音变，所以“沐猴”在古籍中也写作“母猴”。《韩非子·外储说左上》：“宋人有请为燕王以棘刺之端为母猴者。”又音转为“猕猴”、“马猴”。其音转关系图示如下：

马猴 maxou ←沐猴 **mŏkɣo** → 母猴 məɣo →猕猴 mĭeiɣo

这样我们就弄清了“沐”“母”“猕”“马”等构词成分的含义，知道它们是原始汉藏语的化石语素演变而来的，“沐猴”等词都是同义连文。章太炎《新方言·释动物》云：“沐猴，母猴；母猴，猕猴；今人谓之马猴；皆一音之转。”指出“沐、母、猕、马”为一音之转。其言甚是。

29.《诗经》中的“木瓜”“木桃”“木李”该如何解释?

答：对“木瓜”人们一般理解为“木本的瓜形果实”，与葫芦科植物的瓜相对而言。但“木桃”“木李”就不好解释，因为桃、李并没有相对应的葫芦科品种。清代的姚际恒在《诗经通论》中说：“木桃、木李乃因木瓜而顺呼之。桃李生于木，亦可谓之‘木桃’‘木李’也。”

初民辨物未精，词义浑沦，故树、果、花可共用一名。如“桃”既是树名，也是果名，也是花名。“木”也是如此，既是树，也可以是树叶，也可以是果实。《文选·左思〈蜀都赋〉》“木落南翔”李善注引刘逵曰：“木落者，叶落也。”杜甫《登高》诗有“无边落木萧萧下”之句。《诗经》中还有“树杞”“树桑”“树檀”“树檖”等说法，“树”也是树木名和果实名兼而有之。《小雅·鹤鸣》：“乐彼之园，爰有树檀。”《秦风·晨风》：“山有苞棣，隰有树檖。”说“有树檀”“有树檖”，可知“树檀”“树檖”即檀树、檖树。《郑风·将仲子》：“将仲子兮，无逾我墙，无折我树桑。”此谓不要采摘我家桑葚，“树”指果实。

“木”表示果实是词义自然引申的结果，在汉语内部是可以得到求证的。如果做进一步的探讨，我们看到壮侗语中表示“果实”义的 ma:k 与古汉语“木”的读音近似，而且壮侗语中的 ma:k 构词中位于表示具体果实的语素之前（即俞樾所说的“大名冠小名”），这不但使“木桃”“木李”的解释更加可靠，而且使我们认识到“木瓜”“木桃”“木李”的构词方式可能是原始汉藏语的残存形式。

30. 歇后语“猪鼻子里插葱”的后一句是“装相”还是“装象”？

答：“装象”一词在现代汉语中很常见。在“装象”一词的基础上形成的歇后语“猪鼻子插葱——装象”也是非常流行的。然而《汉语大词典》和《现代汉语词典》都没收“装象”一词，只收了“装相”。大概编者以为“装相”是装模作样的意思，

“相”有模样的含义，所以选取了“装相”的写法。其实“装象”的写法可能更为合理。

《说文》中有个襐字，许慎解释说：“襐，饰也。”《急就篇》卷三：“襐饰刻画无等双。”颜师古注：“襐饰，盛服饰也。”《汉书·孝平王皇后》：“令立国将军成新公孙建世子襐饰将医往问疾。”颜师古注：“襐，盛饰也。”《新唐书·曹确传》：“可及为帝造曲曰《叹百年》，教舞者数百，皆珠翠襐饰。”

襐在典籍中也写作象。《诗经·鄘风·君子偕老》：“象服是宜。”毛传：“象服，尊者所以为饰。”清陈奂《诗毛氏传疏》：“象，古襐字。《说文》：‘襐，饰也。’象服犹襐饰，服之以画绘为饰者。”杨树达《长沙方言续考·妆襐》条：“妆襐皆饰义，今长沙骂人衣冠不整齐者曰不妆襐，襐读与象同。”普通话中的“装象”是装扮、假装的意思，应该是同义连文，这里的象既不是模样，更不是大象。

31.“荒唐”一词的“没有节制”“荒诞”义是如何演变而来的？

答：荒，大也；唐，大也。“荒唐”是同义连文，“荒”和“唐”都有大的意思。《诗经·天作》：“天作高山，大王荒之。”毛传：“荒，大也。”《说文》：“唐，大言也。”《庄子·天下》：“荒唐之言，无端崖之辞。”陆德明释文：“荒唐谓广大无域畔者也。”“荒唐之言”就是大而无当、不切实际的话。

“荒唐”由大而无当的意思引申为“没有节制”“荒诞”“谬

误”等义。“虚”也有类似的引申过程。“虚”的本义是大山丘。《说文·丘部》:“虚，大丘也。”大则空虚，故引申为空虚义，由空虚再引申为虚假荒诞。晋葛洪《抱朴子·论仙》:“《神仙集》中有召神劾鬼之法，又有使人见鬼之术，俗人闻之，皆谓虚文。”“虚”与“荒唐”可资比证。

32.“金”的古今词义有何变化?

答:《说文》:“金，五色金也。”金的本义是金属的泛称，今“五金店”中的“五金”，保留本义。“金属”者，金类也。五色金者，今之金，古叫作黄金，银叫白金，铜叫赤金，铁叫黑金，锡叫青金。金常作铜讲，“金马门”，汉代未央宫门前有铜马，故称。黄金面具一般指黄铜面具。段注:“凡有五色，皆谓之金也。下文白金、青金、赤金、黑金、合黄金为五色，黄为之长，故独得金名。”从五行来看，西方对应金属，土生金，故从土。饶炯《说文解字部首订》:“从土，二注象矿，指事字也，后加今声成形声字。”

古代计算货币单位用金。先秦以黄金二十两为一镒，一镒称一金。《墨子》:“请献十金。”汉代以黄金一斤（即十六两）为一金，常做成马蹄形或饼状，一个马蹄金或饼金即一金；后来以银为货币，银一两称一金。

33.“对酒当歌”是面对着酒应当唱歌的意思吗?

答：清代赵翼《陔馀丛考》卷二十四《古诗别解》对“对酒当歌”的含义作了如下的考辨：

> 《曹孟德乐府》：“对酒当歌，人生几何？”“当”字今人作宜字解，然诗与“对”字并言，则其意义相类。《世说新语》王长史语“不大对当”，言其非敌手也。元微之《寄白香山书》有“当花对酒”之语，《学斋呫哔》载《古镜铭》有云“当眉写翠，对脸傅红”，是当字皆作对字解，曹诗正同此例。今俗尚有“门当户对”之语。

“对酒当歌”的“当”也是面对的意思，而不是不少人理解的应当。南朝陈张正见《对酒》诗也有“当歌对玉酒，匡坐酌金罍”之语，“当歌”也是面对歌声之意。

34.“来”的本义是什么？

答：来的本义是小麦。甲骨文作，罗振玉《增订殷虚书契考释》：“诸来字皆象形，其穗或垂或否，麦之茎强，与禾不同，假为往来字。”徐灏《说文解字注笺》：“古来麦字只作来，假借为往来字，别作麳、梾。”

“麥”甲骨文作，李孝定《甲骨文字集释》：“来麦当是一字，夂本象倒止形，于此，但象麦根，以来假为行来字，更制繁体之麥以为来麰本字。”朱骏声《说文通训定声》：“往来之来正字是麥，菽麥之麥正字是来。”这种看法也是有道理的。

35.“草芥”“草菅”能解释为“草和芥”“草和菅”吗？

答：这种解释是不对的。这是因不熟悉上古时期汉语曾存在“以大名冠小名例”而造成的误解。“大名冠小名”是古代汉语的一个重要现象，即表示事物总称的语素在前，表示事物具体特点的语素在后，由两个语素组成的复音词。俞樾《古书疑义举例》卷三“大名冠小名例”云：“乃古人之文，则有举大名而合之于小名，使二字成文者。如《礼记》言‘鱼鲔’，‘鱼’，其大名也；‘鲔’，其小名也。”“草芥”即芥草，“草菅”即菅草。古代还有“树桃”“树李”“虫蝗”，皆此类。

36.“字”的本义是文字吗？

答：《说文》：“字，乳也。”本义是生育，乳之本义亦是生育。引申为养育，如“字育”。引申出爱也，《左传》：“楚虽大，非吾族也，其肯字我乎？”人成年则取字，字乃名之衍生物。字者，孳也。故叫字，又叫表字。表，外也。谓多出来的。犹古人的号叫“绰号”，又叫外号，绰，余也。女子十五岁成年行笄礼，取字。有了字意味着成年，可以婚配，故女子许嫁谓之字，未许嫁叫“待字闺中”。

文字叫字，也是得名于滋生。字又专指字音，如“咬字清楚”“字正腔圆”。《说文·叙》：“文者，物象之本，字者，言孳乳而浸多也。”段注：“人及鸟生子曰乳，兽曰产，引申之为抚字，亦引申之为文字。”

37. 江淹《别赋》“讵相见期”中的“讵”字该如何解释？

答：“讵”字一般理解为“岂”，而把“讵相见期”理解为反问句，这是不对的，这是忽略了生僻词义导致的训诂失误。《文选·别赋》李善注引《琴道》云：“雍门周以琴见孟尝君，孟尝君曰：‘先生鼓琴，亦能令悲乎？’对曰：‘臣之所能令悲者，无故生离，远赴绝国，无相见期，臣为一挥琴而太息，未有不悽怆流涕者。’”江淹用的是《琴道》中的典，“一赴绝国，讵相见期”基本上袭用了《琴道》的原话。《琴道》用“无”，江淹改为“讵”，“讵”也是无的意思。唐刘良注云：“讵，无也。”这是正确的。

38.“口诛笔伐”的“诛”是杀的意思吗？

答：《说文》：“诛，讨也。”诛之本义为谴责，非杀也。今“口诛笔伐”保留本义。诛杀是后起义。引申出讨伐，惩罚义，又有要求义，《左传》：“诛求无时。”“责”亦有谴责、惩罚、要求义，同步引申也。“讨”亦有讨伐、要求义，今有“讨债”，亦同步引申也。段注：“凡杀戮，纠责皆是。”

39.“涕”在上古是鼻涕的意思吗？

答：涕本义为眼泪，后涕变为鼻涕。段注：“自目曰涕，自鼻曰洟。《檀弓》：垂涕洟。正义：目垂涕，鼻垂洟。《诗经·陈风》：涕泗滂沱。毛传：自目曰涕，自鼻曰泗。泗即洟之假借字也。古书弟夷二字多相乱，于是谓自鼻出者曰涕。而自目出者别制淚字，皆许不取也。”古代一般涕指眼泪，泗指鼻涕，后来泪代替了涕，涕代替了泗，而泗一般不用了。“涕”“洟”字形相乱，导致字义沾染，“涕”也就有了鼻涕义。

40.“借酒浇愁”的“浇”是浇灌的意思吗？

答：古代用来“浇”的东西有酒、茶、汤等饮品，以酒最为常见；“浇”的对象多种多样，而以人体部位为常见。面对这样的语境，把“浇”理解为浇洒是难以贯通的，概括为“犒劳、慰劳”各语境都能讲通。“浇舌”是说犒劳犒劳舌头。胡竹安编著《水浒词典》：“浇手，用酒食或财物酬劳手艺人。”干活用手，故犒劳别人干活辛苦谓之“浇手”。《汉语大词典》：“浇客，谓以酒待客。”应释为犒劳客人、招待客人。“浇书”是说为读书辛苦而犒劳自己。由此说来，“浇愁”应理解为慰劳忧愁。

41.“端木赐，字子贡”是名、字相反为义吗？

答：孔子的学生端木赐，字子贡。“赐”古代也有进贡的意思。《尔雅·释诂》：“贡，赐也。”《尚书·禹贡》：“九江纳赐大龟。”这是说九江地区进贡大龟。钱大昕《十驾斋养新录》卷二“子赣”条：“《说文》：‘赣，赐也。’‘贡，献也。’两字音同义别。子贡名赐，字当从赣。”这是不知赐有贡献义而产生的误说。

42.“诬”本义是诬告吗？

答：《说文》：“诬，加言也。”诬之本义非诬告，而是虚假、不真实义。蒲松龄作《聊斋志异》之目的即“发明神道之不诬也”。由虚假引申出诬告。许君释本义为诬告，失之。虚假不真实带有欺骗的性质，所以诬有欺诈义，这也是今义所没有的。诬的今义是捏造事实、构陷罪名，和毁谤意义相近。

43. 孙膑受的是挖掉膝盖骨的刑罚吗？

答：膑之本义为膝盖骨，也叫髌骨。髌今作膑。《大戴礼记》："人生期而髌，髌不备则人不能行。"小孩一般一岁会走路，因膝盖骨已经完备。引申指剔去膝盖骨的刑罚。这种刑罚大约起于商代，周代用刖刑（断脚）代替了膑刑。然周代文献提到刖刑时习惯沿用膑的名称。战国孙膑所受者实乃刖刑，非剔膝盖也，今人多误解。

段注："古者五刑，膑、宫、劓、墨、死。膑者，髌之俗，去膝头骨也。周改髌作刖，其字借作刖，断足也，汉之斩趾是也。髌者废不能行，刖者尚可箸踊而行，是则刖轻于髌也。他经传无言跸、言剕者，盖跸者髌之一名，故《周礼》说周制作刖，《吕刑》说夏制，则《今文尚书》作膑，《古文尚书》作剕，实一事也。周改髌为刖，即改跸为刖也。"段注所言甚明矣。

44. "钱"的本义是货币吗？

答：钱本义是铁铲，《诗经》："命我众人，庤乃钱镈。"镈是锄头类的农具，又写作布。钱是臿属，似今之铁铲。元代王祯《农书》卷十三："今锹与锸同，此钱与镈为类，薅器也，非锹属也。兹度其制，似锹非锹，殆与铲同。《纂文》曰：养苗之道，锄不如耨，耨不如铲，铲柄长二尺，刃广二寸，以刬地除草，此铲之体用即与钱同，钱特铲之别名耳。”

“钱”类似今农民所用之方头铲子，除草用；“镈”是一种宽口锄。见《三才图会》。二者皆除草农具，故《诗经》云：“庤乃钱镈”。“钱”“铲”一语之转，语源是“戋”。刬，除去，消去也。

参考文献

[1] 许嘉璐. 传统语言学辞典[M]. 石家庄：河北教育出版社，1990.
[2] 杨琳. 训诂方法新探[M]. 北京：商务印书馆，2010.
[3] 朱诚. 古代汉语专题教程[M]. 北京：中国人民大学出版社，2010.
[4] 陈必祥. 古代汉语三百题[M]. 上海：上海古籍出版社，1993.

语　法

1. 古代汉语判断句有什么特点?

答：判断句是谓语对主语所表示的人或事物进行归类，或对其性质、属性等进行判断的句子。现代汉语判断句用判断词（又称系词）“是”表达判断，但是上古汉语判断句一般不用判断词，而多用名词性成分作谓语，直接对主语作出判断，这是古今汉语判断句最大的不同。比如，《史记·孟轲荀卿列传》：“荀卿，赵人。”现代汉语要说成：“荀卿是赵国人。”

另外，古代汉语判断句句末经常用“也”字结尾，句中主语后可以用“者”字提顿。语气词“者”和“也”可同时搭配使用，也可单用一个，也可以完全不用。例如：

（1）南冥者，天池也。（《庄子·逍遥游》）

（2）制，岩邑也。（《左传·隐公元年》）

（3）兵者，不祥之器。（《老子·三十一章》）

（4）秦，虎狼之国。（《史记·屈原列传》）

2. 古代汉语判断句中的“是”字是判断词吗?

答：上古汉语判断句一般不用判断词，判断句中出现的“是”字一般是指示代词，相当于现代汉语的“这”。“是”字在句中经常复指其前较长的句子成分，充当判断句形式上的主语，如：

（1）吾不能早用子，今急而求子，是寡人之过也。（《左传·僖公三十年》）

（2）虎兕出于柙，龟玉毁于椟中，是谁之过与？（《论语·季氏》）

例（1）判断句的主语本来是“吾不能早用子，今急而求子”，因主语部分太长，为避免头重脚轻，就用指示代词“是”字复指这部分，同时起强调作用，这样“是”字就充当了判断句形式上的主语。“寡人之过”是判断句的谓语。例（2）也做类似分析。

判断句谓语部分如果出现副词，要放在“是”字后面，证明“是”字不是判断词，如：

（3）闻君行圣人之政，是亦圣人也。（《孟子·滕文公上》）

有时“是”字在句末充当判断句的谓语，它仍然是一个指示代词，如：

（4）臣闻七十里为政于天下者，汤是也。（《孟子·梁惠王下》）

以上这些句子中虽然“是”字不是判断词，但判断词“是”就是从起复指作用的指示代词“是”虚化演变来的，上古汉语后期已经有了“是”字用作判断词的零星用例，如：

（5）此是何种也？（《韩非子·外储说左上》）

3. 古代汉语判断句中的“乃”字是判断词吗？

答：“乃”在上古汉语判断句中主要起加强肯定语气的作用，它是一个副词，直接修饰后面的名词谓语。例如：

（1）吾乃梁人也。（《战国策·赵策三》）

此例理解翻译为“我就是梁国（魏国）人”。判断词“是”产生后，可以放在“乃”字后面，形成“乃是”，也可以证明“乃”字不是判断词，否则就重复了。

古代汉语起类似作用的副词还有“即”“必”“诚”等。例如：

（2）梁父即楚将项燕。（《史记·项羽本纪》）

（3）夺项王天下者，必沛公也。（《史记·项羽本纪》）

（4）今天下三分，益州疲弊，此诚危急存亡之秋也。（诸葛亮《前出师表》）

4. 古代汉语中“为”字能充当判断词吗？

答：“为”字在古代汉语中是一个泛义动词，由于含义广泛，动作性不是很强，所以它出现在判断句中时，有人认为仍是动作性弱的动词。但它出现在以下这样的句子中时，确实主要起判断联系作用了：

（1）长沮曰：“夫执舆者为谁？”子路曰：“为孔丘。”（《论语·微子》）

（2）今亲不幸，仲子所欲报仇者为谁？（《战国策·韩策二》）

（3）知之为知之，不知为不知，是知也。（《论语·为政》）

（4）吾为汝父也，岂谓不慈哉！（《吕氏春秋·疑似》）

在这样的句法环境下，“为”字就主要理解翻译为判断词“是”了。考虑到它最终也没有发展成为真正的判断词，所以可以称之为“准判断词”。

5. 古代汉语判断句有哪些活用或引申用法？

答：古代汉语典型的判断句主谓之间是等同或类属的关系，也就是表示归类，但是判断句除了表示归类之外，还有一些活用或引申用法，主要有以下四种：

一、表示比喻

主语代表的事物就好比是谓语所代表的事物。例如：

（1）夫鲁，齐晋之唇也。（《左传·哀公八年》）

（2）君者，舟也；庶人者，水也。（《荀子·王制》）

二、表示原因

一般是主语部分陈述事情的结果，谓语部分说明造成结果的原因。例如：

（3）孟尝君为相数十年，无纤介之祸者，冯谖之计也。（《战国策·齐策四》）

（4）马不能行十里，共故也。（《韩非子·外储说右下》）

三、表示评价

谓语对主语所代表的事物进行评价。例如：

（5）杀无道而立有道，仁也。（《国语·晋语三》）

（6）今人有大功而击之，不义也。（《史记·项羽本纪》）

四、表示复杂内容

判断句主语和谓语存在较为复杂的逻辑关系。例如：

（7）夫战，勇气也。（《左传·庄公十年》）

（8）百乘，显使也。（《战国策·齐策四》）

例（7）理解为“作战靠的是勇气”，例（8）理解为“拥有百乘车队的是显赫的使臣”，都不能直接用“是”字翻译。

6. 古代汉语双宾语句有哪几种类型?

答：双宾语，指一个动词后面带了两个宾语。这两个宾语各自跟前面的动词发生关系，它们彼此之间没有结构语义上的关系。两个宾语中离动词近的叫近宾语，离动词远的叫远宾语。近宾语一般是指人的，是动作的关涉对象，又叫间接宾语；远宾语一般是指事物的，是动作行为直接支配的对象，又叫直接宾语。汉语中双宾语的语序一般为“谓语＋间接宾语＋直接宾语”。古代汉语双宾语句根据谓语动词的性质可以分成五类：

一、给予类双宾语

古汉语中具有给予义的动词“赐”“与”“予”“遗”“贻”等可以带双宾语。例如：

（1）公赐之食。(《左传·隐公元年》)

（2）文公与之处。(《孟子·滕文公上》)

（3）秦亦不以城予赵，赵亦终不予秦璧。(《史记·廉颇蔺相如列传》)

（4）汤使遗之牛羊。(《孟子·滕文公下》)

（5）贻我彤管。(《诗经·邶风·静女》)

例（1）谓语动词是“赐”，它直接支配的对象是“食”，这是直接宾语。而“之”，也就是代词指代的“颍考叔”，是动作行为的受益者，也就是动词关涉的对象，是间接宾语。“赐之食”

构成典型的双宾语结构，意为“赏赐给他食物吃”。余例皆可仿此分析。

二、教示类双宾语

古汉语中具有告知、教示义的动词“语”“告”“教”“示”等可以带双宾语。例如：

（6）公语之故，且告之悔。（《左传·隐公元年》）

（7）后稷教民稼穑，树艺五谷。（《孟子·滕文公上》）

（8）于是乎伐原以示之信。（《左传·僖公二十七年》）

例（6）“语之故”“告之悔”都是双宾语结构，意为“告诉他缘故”“告诉他自己后悔的事”。余例仿此理解分析。

三、夺取类双宾语

古汉语中夺取、取得义动词“夺”“取”“贾”等动词可以带双宾语。例如：

（9）紾兄之臂而夺之食。（《孟子·告子下》）

（10）吾为公取彼一将。（《史记·项羽本纪》）

（11）欲勇者贾余余勇。（《左传·成公二年》）

例（9）“夺之食”、例（10）“取彼一将”都是双宾语结构。例（11）“贾”是“买”的意思，其后第一个“余”是第一人称代词，第二个“余”是“剩余”的意思，“贾余余勇”构成双宾语结构，意为“买我剩余的勇气”，这也是成语“余勇可贾”的出处。

四、作为类双宾语

古汉语中动词“为”“作”“立”等可以带双宾语，有

“作”“治”“从事”“安排”等含义。例如：

（12）姜氏何厌之有？不如早为之所。（《左传·隐公元年》）

（13）作僖公主者何？为僖公作主也。（《公羊传·文公二年》）

（14）天生民而立之君。（《左传·襄公十四年》）

“为”字在古汉语中是个泛义动词，它也经常带双宾语，如例（12）“为之所”，意为“给他安排一个处所”。例（13）“作僖公主”意为“给僖公安排一个神位”，例（14）“立之君”意为“为人民安排一个君主”。

五、致使类双宾语

古汉语中有些使动用法的动词“饮”“生”“负”等可以带双宾语。例如：

（15）秋九月，晋侯饮赵盾酒。（《左传·宣公二年》）

（16）国老皆贺子文，子文饮之酒。（《左传·僖公二十七年》）

（17）若弗与，则请除之，无生民心。（《左传·隐公元年》）

例（15）“饮赵盾酒”，就动词“饮”分析是使动用法，从语句结构上看，动词带两个宾语，构成双宾语句。余例仿此理解分析。

以上是五类基本的双宾语结构。需要注意的是，有一些动词，在古汉语中可以带双宾语，到了现代汉语中不能带双宾语了。除了前面例子中展示过的“作”“立”“生”等外，还有

“输”“闭”等，如：

（18）晋饥，秦输之粟；秦饥，晋闭之籴。（《左传·僖公十五年》）

（19）欲见贤人而不以其道，犹欲其入而闭之门也。（《孟子·万章下》）

7. 古代汉语双宾语句中哪个宾语在前，哪个宾语在后？

答：古代汉语双宾语句一般是指人的宾语在前，指事物的宾语在后。但是也有个别双宾语结构，指事物的宾语在前作近宾语，指人的宾语在后作远宾语，也就是形成“动词 + 直接宾语 + 间接宾语”的格式。例如：

（1）范座献书魏王。（《战国策·赵策四》）

（2）得璧，传之美人。（《史记·廉颇蔺相如列传》）

（3）昔者帝女令仪狄作酒而美，进之禹。（《战国策·魏策二》）

（4）宋之鄙人得璞玉而献之子罕，子罕不受。（《韩非子·喻老》）

以上例（1）“献书魏王”是双宾结构，“书”是动词“献”支配的对象，是直接宾语，而“魏王”是动词关涉的对象，是间接宾语，“献书魏王”也就是“献给魏王书”的意思，按照一般双宾语结构的表达应该是“献魏王书”，但原文没有采用这种语序。例（2）的“传之美人”，例（3）的“进之禹”，例（4）的“献之子罕”都是指物的直接宾语在前，指人的间接宾语在后的双宾语句。

8. 古代汉语什么情况下宾语要前置到动词前面?

答：汉语语序一般是动词在前，宾语在后，古代汉语也是这样。不过，古代汉语有时候宾语要置于动词之前，这反映了一定的语法规则，可以概括为以下四条：

一、疑问代词作宾语，一般位于动词或介词的前面。例如：

（1）吾谁欺？欺天乎？（《论语·子罕》）

（2）彼且奚适也？（《庄子·逍遥游》）

（3）王者孰谓？谓文王也。（《公羊传·隐公元年》）

（4）沛公安在？（《史记·项羽本纪》）

以上四例，分别出现了疑问代词“谁”“奚”“孰”“安”，所以都前置于动词之前。另外，汉语中的大部分介词都是从动词虚化而来的，所以介词也常常带有动词的特性，疑问代词作介词的宾语也要前置：

（5）何为不去也？（《礼记·檀弓下》）

（6）何由知吾可也？（《孟子·梁惠王上》）

以上二例疑问代词“何”分别充当介词“为”和“由”的宾语，前置。

二、在有否定词“不”“莫”“未”“无（毋）”等的否定句中，如果宾语是代词，一般也放在动词的前面。例如：

（7）居则曰：“不吾知也。”（《论语·先进》）

（8）谏而不入，则莫之继也。（《左传·宣公二年》）

（9）然而不王者，未之有也。（《孟子·梁惠王上》）

（10）我无尔诈，尔无我虞。（《左传·宣公十五年》）

以上各例分别使用了否定词“不”“莫”“未”“无”，而句子中的宾语都是代词，所以代词“吾”“之”“尔”“我”等都要前置。

三、为了强调宾语，在句中用代词“是”或“之”复指它，同时宾语和它的复指成分都放在动词的前面。例如：

（11）姜氏何厌之有？（《左传·隐公元年》）

（12）将虢是灭，何爱于虞？（《左传·僖公五年》）

（13）岂不谷是为？先君之好是继。（《左传·僖公四年》）

（14）宋何罪之有？（《墨子·公输》）

例（11）“何厌之有”，按今天的语法表达为“有何厌”，就是“有什么满足的”，为了强调“何厌”，用代词“之”复指它，然后一起放在了动词“有”的前面。例（12）是用代词“是”复指宾语“虢”，一起前置，理解为“灭虢”。后面两例也是如此理解分析。

这种宾语前置，还常在前置宾语之前加上“惟（唯）”字，构成“惟（唯）……是（之）”的格式，强调宾语的意味更加明显。例如：

（15）率师以来，唯敌是求。（《左传·宣公十二年》）

（16）父母唯其疾之忧。（《论语·为政》）

这种格式形成的“是之谓”“此之谓”已成为凝固形式，在文言语句中常见。例如：

（17）上不失天时，下不失地利，中得人和，而百事不废，是之谓政令行。(《荀子·王霸》)

（18）太上有立德，其次有立功，再次有立言，虽久不废，此之谓不朽。(《左传·襄公二十四年》)

四、代词“是”充当动词或介词的宾语也常常前置。例如：

（19）尔贡苞茅不入，王祭不共，无以缩酒，寡人是征；昭王南征而不复，寡人是问。(《左传·僖公四年》)

（20）中田有庐，疆场有瓜。是剥是菹，献之皇祖。(《诗经·小雅·信南山》)

（21）出因其资，入用其宠，饥食其食，三施而无报，是以来也。(《左传·僖公十五年》)

（22）仲尼之徒，无道桓文之事者，是以后世无传焉。(《孟子·梁惠王上》)

例（19）代词“是”分别充当动词“征”和“问”的宾语，所以前置，我们可以理解为“寡人征是”“寡人问是”。例（20）“是剥是菹”也是宾语前置式，理解为“剥是菹是”。后面两例是“是”作介词“以”的宾语前置，“是以”理解翻译为“因为这”。

古代汉语宾语前置现象，在今天还在使用的有些成语中还有遗存，比如“何去何从”“时不我待”“唯利是图”“唯命是从”等。

9. 如何区分“是”字复指宾语前置和“是”字作为宾语前置？

答：这是两种不同的宾语前置规则，所谓“是”字复指宾语前置，是指为了强调宾语，用“是”字复指宾语，宾语和“是”字一起都置于动词之前，比如上面所举“先君之好是继”（《左传·僖公四年》），“先君之好”是动词“继”的宾语，为了强调这个宾语，用“是”复指，一起放到动词之前了，按现代汉语的语序应该说成“继先君之好”。同类例子还有：

（1）荀偃令曰：“鸡鸣而驾，塞井夷灶，唯余马首是瞻。”（《左传·襄公十四年》）

（2）吕甥曰：“君亡之不恤，而群臣是忧，惠之至也。将若君何？”（《左传·僖公十五年》）

而所谓“是”字作为宾语前置，是指“是”字本身是宾语，它要置于动词或介词之前。比如上面所举同样出现于《左传·僖公四年》的“寡人是问”，“是”相当于“这”，指“这件事”，它自身作为宾语置于动词“问”之前了，按现代汉语语序应该说成“寡人问是”。同类例子还有：

（3）君子是则是效。（《诗经·小雅·鹿鸣》）

（4）小人是惧，敢不尽心。（《国语·晋语四》）

总之，“是”字复指宾语前置和“是”字作为宾语前置代表两种宾语前置规则，前者“是”字不是宾语，它提起强调真正的宾语，而后者“是”字本身就是宾语。

10. 古代汉语介词宾语前置包括哪些情况?

答：古代汉语中疑问代词作介词的宾语常常前置，比如“何以知之”（《国语·周语上》）。另外代词“是”字作介词的宾语也经常前置，比如“是以来也”（《左传·僖公十五年》）。以上是两条较为稳固的语法规则。除此之外，古文中还看到有些名词没有规则依据地置于介词之前，这属于作者个性化的使用，没有形成稳固的语法规律。例如：

（1）江汉以濯之，秋阳以暴之。（《孟子·滕文公上》）

（2）楚国方城以为城，汉水以为池。（《左传·僖公四年》）

（3）《诗》三百，一言以蔽之，曰：思无邪。（《论语·为政》）

（4）其有不合者，仰而思之，夜以继日。（《孟子·离娄下》）

（5）启乃淫溢康乐，野于饮食。（《墨子·非乐上》）

例（1）“江汉以濯之，秋阳以暴之”的意思是“用长江水、汉江水洗濯它，用秋天的太阳暴晒它”，“以”是介词，“用”的意思，“江汉”“秋阳”充当宾语，但它们放在介词之前了，按照普通的语序应该表达为“以江汉濯之，以秋阳暴之”。其余各例也存在介词宾语前置现象，例（2）理解为“以方城为城，以汉水为池”，例（3）理解为“以一言蔽之”，例（4）理解为“以夜继日”，例（5）理解为“于野饮食”。

11. 古代汉语被动句有哪些类型？

答：古代汉语表示被动的句子有两大类，一类是没有结构标志的，比如“蔓草犹不可除，况君之宠弟乎？”（《左传·隐公元年》)，“蔓草”是“除”的对象，是“被除”，但句子中没有被动标志，一般称之为意念上的被动句，不能算作真正的被动句。另一类是有结构标志的，使用被动标志词，这是一般理解的被动句，主要有四种类型：

一、用“于”字的被动句式

这是用介词“于”置于谓语动词之后，引出动作行为的发出者，构成“S+V+ 于 +N”[①] 的被动句式。例如：

（1）郄克伤于矢。(《左传·成公二年》)

（2）劳心者治人，劳力者治于人。(《孟子·滕文公上》)

（3）君子役物，小人役于物。(《荀子·修身》)

二、用“见”字的被动句式

“见”字可看成是表被动的助动词，后面接动词，构成“S+ 见 +V”的形式。例如：

（4）盆成括见杀。(《孟子·尽心下》)

（5）欲予秦，秦城恐不可得，徒见欺。(《史记·廉颇蔺相如列传》)

由于“见”本身不能引出动作的发出者，所以有时还可以再用介词“于”引进动作的发出者，形成“S+ 见 +V+ 于 +N”的形式。例如：

（6）吾长见笑于大方之家。(《庄子·秋水》)

（7）昔者弥子瑕见爱于卫君。(《韩非子·说难》)

---

① 本书为便于语法分析，使用一些标志符，S 代表主语，V 代表动词或动词词组，N 代表名词或名词词组。

三、用“为”字的被动句式

用“为”表被动，有两种情况，一种情况是“为”直接放在动词前表示被动，形成“S+ 为 +V”的形式。例如：

（8）自今无有代其君任患者，有一于此，将为戮乎？（《左传 · 成公二年》）

（9）若信者，亦已为禽矣。（《史记 · 淮阴侯列传》）

另一种更常见的情况是用“为”引出动作行为的发出者，后面再接动词，形成“S+ 为 +N+V”式。例如：

（10）兔不可复得，而身为宋国笑。（《韩非子 · 五蠹》）

（11）止，将为三军获。（《左传 · 襄公十八年》）

另外，“为”字也可以和“所”字搭配使用，构成“S + 为 + N + 所 + V”式被动句。例如：

（12）申徒狄谏而不听，负石自投于河，为鱼鳖所食。（《庄子 · 盗跖》）

（13）先即制人，后则为人所制。（《史记 · 项羽本纪》）

有时“为”后动作的发出者也可以不出现，形成“S + 为 + 所 + V”式。例如：

（14）不者，若属皆且为所虏。（《史记 · 项羽本纪》）

四、用“被”字的被动句式

“被”字本来是动词，慢慢虚化成介词，用来表被动，处于句中主要动词之前，形成“S+ 被 +V”的格式。例如：

（15）国一日被攻，虽欲事秦，不可得也。（《战国策 · 齐策一》）

（16）信而见疑，忠而被谤，能无怨乎？（《史记·屈原贾生列传》）

以上这种“被”字被动句是战国末期开始出现的，而用“被”引进行为主动者的被动句式，即“S+被+N+V”式，汉末才开始出现，六朝以后使用渐多。例如：

（17）今月十三日，臣被尚书召问。（蔡邕《被收时表》）

（18）祢衡被魏武谪为鼓吏。（《世说新语·言语》）

后来，“被”字句就逐渐成为汉语中表达被动的主要句式。

12. 古代汉语中“于”字是表示被动的助词吗？

答：“于”字可以出现于被动句中，如“郄克伤于矢”（《左传·成公二年》）。但“于”字本身并不表被动，它不是助词，而是介词，它的作用是把动作的施动者介绍出来，这样就进一步明确了句子的施事和受事关系，起到了帮助实现被动的作用。一个比较能说明问题的例子是《孟子·滕文公上》：“劳心者治人，劳力者治于人。”前半句是一个主动句，后半句是被动句，由于“于”字的使用，明确了“劳力者”是治的对象，是受事，而“人”是动作行为“治”的发出者，是施事。

正是由于“于”字不是表被动的助词，所以在使用助词“见”的被动句中，还可以同时使用“于”字，引出主动者，构成“见V于N”的形式。例如：

（1）臣诚恐见欺于王而负赵。（《史记·廉颇蔺相如列传》）

（2）以四百里之地见信于天下。（《吕氏春秋·贵信》）

13. 如何判断一个句子中名词活用作动词了？

答：对名词活用作动词的判断，除了根据上下文情境和语意之外，还可以依据以下语法现象的分析：

一、非并列结构和偏正结构的两个名词连用，前一个名词很可能活用作动词。例如：

（1）遂王天下。（《韩非子·五蠹》）

（2）故不如东苏子。（《史记·苏秦列传》）

例（1）名词“王”“天下”既非并列关系“王和天下”，又非偏正关系“王的天下”，那么第一个名词“王”应该是活用作动词了，是“称王”的意思。例（2）仿此分析，只不过方位名词“东”不但活用作动词，还是使动用法。

二、名词放在“所”字后面，活用为动词。例如：

（3）置人所罾鱼腹中。（《史记·陈涉世家》）

（4）非博士官所职，天下敢有藏《诗》、《书》、百家语者，悉诣守尉杂烧之。（《史记·秦始皇本纪》）

例（3）“罾”本是打鱼的渔网，名词，在这里用作动词，用渔网打鱼。例（4）“职”也活用作动词，“任职”。

三、名词放在能愿动词后活用为动词。例如：

（5）假舟楫者，非能水也，而绝江河。（《荀子·劝学》）

（6）岂吾相不当侯邪？且固命也？（《史记·李将军列传》）

以上二例名词“水”和“侯”分别放在能愿动词“能”和“当”后面，所以活用作动词，在这里是“游水”“称侯”的意思。

四、名词受到副词的修饰活用为动词。例如：

（7）秦师遂东。（《左传·僖公三十年》）

（8）晋灵公不君。（《左传·宣公二年》）

以上二例句中分别出现了副词“遂”和“不”，那么其后的名词“东”和“君”都活用为动词。

五、名词放在代词前时活用为动词。例如：

（9）从左右，皆肘之。（《左传·成公二年》）

（10）孟尝君客我。（《战国策·齐策四》）

代词不受名词修饰，所以代词前面出现了名词，那么名词肯定活用作动词了。以上二例中“肘”“客”分别理解为“用胳膊肘捣”“以……为客”。

六、名词用于介词短语前活用为动词。例如：

（11）师还，馆于虞。（《左传·僖公五年》）

（12）鹪鹩巢于深林。（《庄子·逍遥游》）

介词短语主要是充当动词的补语，所以用在名词后边时，这个名词是活用为动词的。以上“馆”和“巢”活用作动词。

七、名词用“而”连接时，活用为动词。例如：

（13）隧而相见，其谁曰不然。（《左传·隐公元年》）

（14）孟尝君怪其疾也，衣冠而见之。（《战国策·齐策四》）

“而”作为连词主要连接动词或动词性短语，不能连接名词性成分，所以当连接名词时，名词就活用作动词了。以上“隧”

和“衣冠”活用，意为“挖隧道”和“穿衣戴帽”。

14. 如何理解古代汉语中的使动用法？

答：使动用法是古代汉语词类活用现象的一种，它是主语使宾语产生谓语表示的动作行为，或者成为谓语所代表的人或事物。产生使动现象涉及的词类常见的有动词、名词、形容词和数词等。

一、动词的使动用法

动词的使动用法是谓语动词所表示的动作，不是由主语所代表的人物发出，而是在主语的影响下使宾语所代表的人或事物发出。产生使动用法的动词多数是不及物动词，例如：

（1）项伯杀人，臣活之。（《史记·项羽本纪》）

（2）焉用亡郑以陪邻？（《左传·僖公三十年》）

（3）远人不服而不能来也。（《论语·季氏》）

例（1）“活”本是不及物动词，不能带宾语，但这里带了一个宾语“之”，那么“活”产生使动用法，“活之”，就是“使之活”的意思。例（2）的“亡”、例（3）的“来”，也是不及物动词的使动用法。

少数情况也有及物动词用作使动用法的，一般都有读音的变化。例如：

（4）晋侯饮赵盾酒。（《左传·宣公二年》）

（5）止子路宿，杀鸡为黍而食之，见其二子焉。（《论语·微子》）

以上例（4）是“使赵盾饮酒”，“饮”是使动词，读去声。

例（5）“见其二子”是“使他的两个儿子出现”，“见”是使动用法，传统上读 xiàn。

及物动词本来就是能带宾语的，发生使动用法时，形式上没有产生变化，需要根据上下文和句意来判断，比如同样是用“朝”字作谓语动词，《孟子·公孙丑下》“孟子将朝王”和《孟子·公孙丑上》“武丁朝诸侯”结构相同。前一个“朝”字是一般的及物动词，而后一个“朝”字是使动用法，是“使诸侯来朝”的意思。

二、名词的使动用法

名词的使动用法是使宾语所代表的人或事物成为该名词所代表的人或事物。例如：

（6）尔欲吴王我乎？（《左传·定公十年》）

（7）夫子所谓生死而肉骨也。（《左传·襄公二十三年》）

（8）齐威王欲将孙膑。（《史记·孙子列传》）

例（6）“吴王我”是“使我成为像吴王那样的人”，例（7）“肉骨”是“使白骨长肉”，例（8）“将孙膑”是“使孙膑成为大将”。

三、形容词的使动用法

形容词的使动用法，是使宾语所代表的人或事物具有该形容词的性质或状态。例如：

（9）冉有曰：“既庶矣，又何加焉？”曰：“富之。”（《论语·子路》）

（10）今媪尊长安君之位，而封之以膏腴之地。（《战国

策·赵策四》）

（11）是以令吏人完客所馆，高其閈闳，厚其墙垣。（《左传·襄公三十一年》）

例（9）的“富之”是“使之富”，例（10）的“尊”是“使……尊”，例（11）的“高”和“厚”也分别是“使……高”和“使……厚”。

四、数词的使动用法

数词也可以用作使动，只是出现的数量相对较少。例如：

（12）女也不爽，士贰其行。士也罔极，二三其德。（《诗经·豳风·氓》）

（13）古者天下散乱，莫之能一。（《史记·秦始皇本纪》）

使动用法是古代汉语比较有特色的语法现象，它实际上是以动宾式的结构表达了兼语式的内容，比如“活之”，换作兼语式表达为“使之活”；“富之”，可以变为“使之富”。

15. 如何理解古代汉语中的意动用法？

答：意动用法是古代汉语词类活用的一种，主要涉及两个词类：名词和形容词。名词的意动用法，是主语主观上把宾语所代表的人或事物看作是这个名词所代表的人或事物，如：

（1）夫人之，我可以不夫人之乎？（《穀梁传·僖公八年》）

（2）孟尝君客我。（《战国策·齐策四》）

例（1）“夫人”是名词谓语，“之”是其宾语，“夫人之”是

"把她看作夫人"。例（2）"客"是名词谓语，"我"是宾语，"客我"是"把我当作门客"。

形容词的意动用法，是主语主观上认为宾语具有谓语的性质特点，如：

（3）吾妻之美我者，私我也。(《战国策·齐策一》)

（4）孔子登东山而小鲁，登泰山而小天下。(《孟子·尽心下》)

以上两例，例（3）"美"是形容词，"我"是其宾语，"美我"是"以我为美"。例（4）"小"是形容词，"鲁"和"天下"是其宾语，"小鲁"是"认为鲁国变小了"，"小天下"是"认为天下变小了"。

16. 如何区分使动用法和意动用法？

答：首先，使动用法涉及名词、动词、形容词、数词等，而意动用法主要涉及名词和形容词。

其次，使动用法是在主语的影响下，使宾语代表的人或事物发生变化，比如《孟子·梁惠王下》"匠人斲而小之"中的"小之"，是"使它变小"的意思。而意动用法是主语意念上的看法，表达"认为""当作""看成"，比如《孟子·尽心上》"孔子登东山而小鲁"中的"小鲁"只是孔子主观上觉得鲁国变小了，而不是客观实际上的变小。

同一个词，可能既有使动用法，也有意动用法，所以区分使动意动需要结合上下文语境来判断。例如：

（1）此二士弗业，一女不朝，何以王齐国，子万民乎？（《战国策·齐策四》）

（2）其达士，洁其居，美其服，饱其食。（《国语·越语上》）

（3）君子之于禽兽也，见其生，不忍见其死；闻其声，不忍食其肉。是以君子远庖厨也。（《孟子·梁惠王上》）

以上三组句子，分别是名词“子”和形容词“美”“远”的活用，例（1）是意动用法，例（2）、例（3）是使动用法。

17. 如何理解古代汉语中的为动用法？

答：古代汉语中有些动宾结构，动词和宾语之间是一种特殊的动宾关系，动词和宾语之间含有为了什么而动的意思，宾语如果是指人的一般译作“为”“给”“替”等。这种结构中的动词经常是不及物动词，而它带了宾语，所以有人认为是一种词类活用，称为为动用法。例如：

（1）提弥明死之。（《左传·宣公二年》）

“死”本来是不及物动词，不能带宾语，这里带了一个宾语“之”，那么“死”产生了活用现象，“死之”是“为他而死”的意思。更多例子：

（2）夫人将启之。（《左传·隐公元年》）

（3）晋解张御郤克。（《左传·成公二年》）

（4）管仲不死其君而归桓公。（《韩非子·难二》）

以上诸例，“启之”理解为“为他开启（城门）”，“御郤克”理解为“为郤克驾御战车”，“死其君”理解为“为其君而死”。

18. 古代汉语里普通名词作状语有哪些类型?

答：古代汉语里名词作状语的现象较为常见，普通名词作状语，主要有以下几种类型：

一、表示比喻

作状语的普通名词以它所代表的事物的某种状态或动作特征，去描绘谓语动词所表示的动作行为，常带有比喻的意义，含有“像……一样”或“跟……似的”之义。例如：

（1）豕人立而啼。（《左传·庄公八年》）

（2）嫂蛇行匍伏。（《战国策·秦策一》）

（3）其后秦稍蚕食魏。（《史记·魏公子列传》）

例（1）“人立”就是“像人一样站立”，名词“人”作状语修饰动词“立”。余例仿此分析。这种表示比喻的用法在现代汉语的一些成语中还有存留，如“风驰电掣”“土崩瓦解”“星罗棋布”等。

二、表示对待动作对象的态度

用对待作状语的普通名词所代表的人或物的态度，来对待处置谓语动词后宾语所代表的人或物。有“当作……那样”“像待……似的”等意思。例如：

（4）君为我呼入，吾得兄事之。（《史记·项羽本纪》）

（5）齐将田忌善而客待之。（《史记·孙子列传》）

（6）彼秦者……虏使其民。（《战国策·赵策三》）

三、表示动作发生或进行的处所方位。例如：

（7）舜勤于民而野死。（《国语·鲁语上》）

（8）今先生俨然不远千里而庭教之，愿以异日。（《战国策·秦策一》）

（9）河渭不足，北饮大泽。（《山海经·海外北经》）

四、表示动作进行的工具、凭借或依据。例如：

（10）箕畚运于渤海之尾。（《列子·汤问》）

（11）朱亥袖四十斤铁椎，椎杀晋鄙。（《史记·魏公子列传》）

（12）失期，法当斩。（《史记·陈涉世家》）

五、表示动作进行的方式。例如：

（13）群臣吏民能面刺寡人之过者，受上赏。（《战国策·齐策一》）

（14）虽户说以眇论，终不能化。（《史记·货殖列传序》）

（15）即自取水洗去血，裂裳衣疮，手注善药。（柳宗元《段太尉逸事状》）

19. 古代汉语时间名词作状语和现代汉语有何不同？

答：时间名词作状语，表示动作行为进行的时间，这方面古今基本是相同的，古代汉语的例子如：

（1）乙丑，赵穿攻灵公于桃园。（《左传·宣公二年》）

（2）夜缒而出。（《左传·僖公三十年》）

需要注意的是，古代汉语时间名词中的“日”“月”“岁”等充当状语时，具有特殊的意义。

第一，“日”“月”“岁”等词表示动作行为的经常性，含有“每日”“每月”“每年”的意思。例如：

（3）月攘一鸡，以待来年然后已。（《孟子·滕文公下》）

（4）良庖岁更刀，割也；族庖月更刀，折也。（《庄子·养生主》）

第二，“日”字作状语表示情况的逐渐发展变化，相当于“一天天的”。例如：

（5）燕日败亡。（《史记·田单列传》）

（6）事日急。（《史记·魏其武安侯列传》）

第三，“日”位于句首表示追溯往事，有“往日”“昔日”的意思。例如：

（7）日卫不睦，故取其地。（《左传·文公七年》）

（8）日君以夫公孙段为能任其事，而赐之州田。（《左传·昭公七年》）

20. 古代汉语中数词可以直接修饰名词吗？

答：可以。上古时期量词不发达，物量词（名量词）出现虽然很早，但数量较少，所以上古汉语表示数量时往往不用量词，而是用数词直接搭配名词，表示事物的数量。

数词直接修饰名词可以位于名词之前，也可以位于名词之后。例如：

（1）子墨子曰：“请献十金。”（《墨子·公输》）

（2）以乘韦先，牛十二犒师。（《左传·僖公三十年》）

（3）诗三百，一言以蔽之，曰“思无邪”。（《论语·为政》）

（4）吏二缚一人诣王。（《晏子春秋·内篇杂下》）

例1中“十金”是“数+名”；例（2）中“牛十二”是“名+数”；例（3）中“诗三百”是“名+数”，“一言”是“数+名”；例（4）中“吏二”是“名+数”，“一人”是“数+名”。

上古汉语虽然绝大多数情况下，数词直接修饰名词，但是数名之间偶尔也使用量词。例如：

（5）孟尝君予车五十乘，金五百斤。（《战国策·齐策四》）

（6）一箪食，一瓢饮。（《论语·雍也》）

21. 古代汉语表示动量跟现代汉语有何不同？

答：现代汉语表示动量，是在动作行为词后面加上数量结构，就是采用“V+数词+动量词”的形式，如“去三次”。而上古汉语表示动量，经常不用动量词，而是用数词置于动词前直接修饰动词。例如：

（1）吾日三省吾身。（《论语·学而》）

（2）三进及溜，而后视之。（《左传·宣公二年》）

（3）桓公九合诸侯，不以兵车，管仲之力也。（《论语·宪问》）

数词直接置于动词前，是充当状语，修饰谓语动词。如果要强调数量，就可以把数词移到动词后，动词和数词之间用

"者"字隔开，构成主谓结构，数词充当谓语，这样就凸显了数量。例如：

（4）鲁仲连辞让者三。（《战国策·赵策三》）

（5）举所佩玉玦以示之者三。（《史记·项羽本纪》）

动量词产生较晚，类似现代汉语的动量表达式基本是在汉代以后才经常出现。例如：

（6）诵三遍而请习之。（刘向《说苑·敬慎》）

22. 古代汉语如何表达分数？

答：古代汉语分数表达和现代汉语有所不同，古代汉语分数最完整的表示法是"分母 + 分 + 名词 + 之 + 分子"。例如：

（1）方今大王之兵众，不能十分吴楚之一。（《史记·淮南衡山列传》）

"十分吴楚之一"现代汉语表达为"吴楚的十分之一"。虽然古代汉语完整分数表达式是"分母 + 分 + 名词 + 之 + 分子"，但在实际语言使用中经常省略其中的某些成分，采用简略表示法。可以省略"分""名词"或"之"等，如：

（2）故关中之地，于天下三分之一。（《史记·货殖列传》）

（3）黄钟长八寸七分一。（《史记·律书第三》）

（4）昔季孙行父亲逆君命，逐出莒仆，于舜之功二十之一也。（《后汉书·李膺传》）

例（2）省略了"名词"，例（3）省略了"名词"和"之"，例（4）省略了"名词"和"分"。

知道了分数的省略规则，那么对于《左传·隐公元年》的“大都不过参国之一，中五之一，小九之一”这句话就比较好理解了：“都”指“都邑”“城邑”，“国”指“国都”“首都”，“参”即“三”，“大都不过参国之一”意思是“大的都邑不能超过国都的三分之一”，这里包含一个简略式的分数表达，省略了“分”，说全了应该是“参分国之一”。而后面的“中五之一，小九之一”是承上文进一步省略了，分数部分省略了“分”和“名词”，说全了应该是“中都不过五国之一，小都不过九国之一”，意思是“中等规模的城邑不能超过国都的五分之一，小的城邑不能超过国都的九分之一”。

另外，古代汉语分数表达，当分母是十或百以上的整数，而分子是个位数时，分母和分子中间不用“分”或“之”，而用“分母+分子”的形式。例如：

（5）什一，去关市之征，今兹未能。（《孟子·滕文公下》）

“什一”即“十一”，也就是“十分之一”，这里指抽取十分之一的关税。

23. 古代汉语如何表达倍数？

答：古代汉语的倍数往往用数词直接表示，其中两倍称“倍”，五倍称“蓰”。其余表示几倍时，直接说出倍数的数位或在数位后加“倍”。例如：

（1）夫物之不齐，物之情也。或相倍蓰，或相什百，或

相千万。子比而同之，是乱天下也。(《孟子·滕文公上》)

(2)小国寡民，使有什佰之器而不用。(《老子·十八章》)

(3)尝以什倍之地，百万之众，叩关而攻秦。(贾谊《过秦论》)

有时在数词后加“之”“此”等表示倍数。例如：

(4)所伐而当，其福五之；所伐不当，其祸十之。(刘向《说苑·谈丛》)

如果表示几倍于某个数时，一般采用“倍数+基数”的形式。例如：

(5)有神人二八，连臂，为帝司夜于此野。(《山海经·海外南经》)

这里“二八”即“八”的“二”倍，也就是十六，“神人二八”即“十六个神人”。同理，平时所说的“芳龄二八”，应该是十六岁，而不是二十八岁。在古代少女十六岁正处豆蔻年华，属于“芳龄”，而如果是二十八岁的话，绝对是大龄，而不是芳龄了。

24. 古代汉语第一人称代词“我”和“吾”的语法功能完全相同吗？

答：“我”和“吾”在古代汉语里都是第一人称代词，但其功能并不完全对等，“我”可以作主语、宾语、定语，而“吾”字只能用作主语和定语，不能作宾语。例如：

(1)司马牛忧曰：“人皆有兄弟，我独亡。”(《论语·

颜渊》）

（2）王送知罃曰："子其怨我乎？"（《左传·成公三年》）

（3）三人行，必有我师焉。（《论语·述而》）

（4）吾日三省吾身。（《论语·学而》）

以上前三例中的"我"字分别充当主语、宾语和定语。第四例出现两个"吾"字，分别充当主语和定语。

一般情况下，"吾"字是不能作宾语的，除非出现在否定句中，置于动词之前，如：

（5）居则曰："不吾知也。"（《论语·先进》）

（6）我胜若，若不吾胜。（《庄子·齐物论》）

而一般的肯定句，"吾"字不能充当宾语，所以《庄子·齐物论》中"今者吾丧我"不能换成"今者我丧吾"。

25. "其"和"之"在上古汉语里是第三人称代词吗？

答：上古汉语缺乏专职的第三人称代词，"其"和"之"有时起到了第三人称代词的作用。例如：

（1）始吾于人也，听其言而信其行。（《论语·公冶长》）

（2）窈窕淑女，寤寐求之。（《诗经·周南·关雎》）

例（1）"其"字充当定语，翻译为"他的"；例（2）"之"字充当宾语，译为"她"。

不过，"其"和"之"并不是真正的第三人称代词，这是因为：

第一，它们的语法功能并不完备，除了分别充当定语和宾语之外，在上古它们都不能充当单句的主语。"之"字绝对不能出现在主语位置上，“其”字只能充当复句中分句的主语，例如：

（3）虽其不善，吾亦知之。（《左传·昭公二十年》）

第二，它们除了称代人外，还可以称代事或物。例如：

（4）越国以鄙远，君知其难也。（《左传·僖公三十年》）

（5）其子趋而往视之，苗则槁矣。（《孟子·公孙丑上》）

第三，它们除了可以称代第三方外，有时候也可以用来称代说话人自己或听话人一方。例如：

（6）老臣以媪为长安君计短也，故以为其爱不若燕后。（《战国策·赵策四》）

（7）士季曰：“谏而不入，则莫之继也。会请先，不入，则子继之。”（《左传·宣公二年》）

例（6）“其”字指代听话人；例（7）第一个“之”字指听话人，第二个“之”字指说话人。

所以我们说“其”和“之”不能算作地道的第三人称代词，最多看作“准第三人称代词”。

26. 古代汉语中代词“其”能作主语吗？

答：“其”字在古代汉语里不能充当独立句子的主语，不过能够充当句子下位成分词组的主语。例如：

（1）蹇叔哭之，曰：“孟子，吾见师之出而不见其入也。”（《左传·僖公三十二年》）

（2）王若隐其无罪而就死地，则牛羊何择焉？（《孟子·梁惠王上》）

例（1）“其人”相当于“师之人”，“其”相当于一个名词加“之”字。“其”是词组“其人”的主语，但“其人”整体上又是句子中“见”的宾语。例（2）作类似分析。

“其”字也可以充当复句中分句的主语。例如：

（3）我退而楚还，我将何求？若其不还，君退臣犯，曲在彼矣。（《左传·僖公二十八年》）

（4）晋侯、秦伯围郑，以其无礼于晋，且贰于楚也。（《左传·僖公三十年》）

偶尔充当兼语句或双宾语句中的间接宾语。例如：

（5）闭说楚王，令其欲封公也又甚于齐。（《战国策·齐策一》）

（6）彼将夺其所谓不肖而予其所谓贤，夺其所憎而与其所爱。（《战国策·赵策三》）

例（5）“其”字充当兼语，也就是它既是“令”的宾语，又是“欲封公”的主语。例（6）“其”字位于双宾语句中，充当间接宾语。

27. 古代汉语中“其”和“之”是第三人称代词吗？

答：“其”和“之”是由指示代词向人称代词演化过程中的“准第三人称代词”，作为非正式的第三人称代词，“其”和“之”除了指称第三方，还可以指称说话人或听话人，也就是用作第一人称或第二人称。用作第一人称，指称说话人的，如：

（1）今也，父兄百官不我足也，恐其不能尽于大事，子

为我问孟子。（《孟子·滕文公上》）

（2）孙子曰："王徒好其言，不能用其实。"（《史记·孙子吴起列传》）

用作第二人称，指称听话人的，如：

（3）老臣以媪为长安君计短也，故以为其爱不若燕后。（《战国策·赵策四》）

（4）里长发政里之百姓，言曰："闻善而不善，必以告其乡长。……"（《墨子·尚同上》）

整体上来看，"其"和"之"指称说话人和听话人的用例还是比较少的，它们作为人称代词使用，还是以指称第三方为常。

28. 古代汉语中有哪些谦称词和敬称词，它们是人称代词吗？

答：古代汉语里有专门的谦称词和敬称词，"寡人""不穀""臣"等属于谦称，用于说话人自身，"寡人"就是"寡德之人"，君王谦称用。"不穀"就是"不善、不好"，最初是楚国国君用来谦称的。而"臣"的本义是奴仆，臣子们谦称用的。类似的谦称还有"妾""仆""民""孤"等。

"足下""先生""君"等属于敬称，敬称用于听话人，表示尊敬。"足下"同"阁下""节下""麾下""左右""陛下""殿下"等属于同一类，这是不敢直接指称对方，而由言及对方身边的人或事物，委婉地指称对方。"先生""君""子""吾子""夫子"等也是对对方的较为尊敬、较为客气的称呼。

谦称词和敬称词虽然客观上起到指称说话人或听话人的作用，但它们并不是人称代词，而是名词。正是因为它们不是代词，所以不受代词规律的制约，比如否定句中作宾语时并不放在动词前面。

29. 在上古汉语中“他”是第三人称代词吗？

答：“他”在现代汉语中是一个第三人称代词，虽然它在上古汉语中已经出现，但它在上古时期主要用作表示旁指的指示代词，而不是第三人称代词。上古汉语中我们见到的有关“他”的用例，基本都是旁指代词用法，相当于“别的”“别人”，例如：

（1）王顾左右而言他。（《孟子·梁惠王下》）

（2）子不我思，岂无他人？（《诗经·郑风·褰裳》）

表示旁指的“他”有时又写作“佗”或“它”。例如：

（3）佗邑唯命。（《左传·隐公元年》）

（4）昔诗人所刺，《春秋》所记，指象如此，殆不在它。（《汉书·杜邺传》）

“他”发展成第三人称代词，至少是汉魏六朝以后的事了。

30. 在上古汉语中“彼”字可以充当第三人称代词吗？

答：上古汉语没有专职的第三人称代词，“彼”字本是表示远指的指示代词，慢慢发展出人称代词的用法来，能够称代第三方，理解翻译为“他”“他们”。例如：

（1）夫管子，天下之才也。所在之国，则必得志于天

下。令彼在齐，则必长为鲁国忧矣。(《国语·齐语》)

(2) 饰攻战者之言曰："彼不能收用彼众，是故亡。我能收用我众，以此攻战于天下，谁敢不宾服哉？"(《墨子·非攻中》)

(3) 在彼者，皆我所不为也；在我者，皆古之制也，吾何畏彼哉？(《孟子·尽心下》)

以上例(1)"彼"字作主语；例(2)"彼"字出现两次，分别充当主语和定语；例(3)"彼"字作宾语。"彼"字能够充当主语、定语、宾语，指称谈及的第三方，有称代作用，所以具备第三人称代词的特征。不过，根据王力先生的观点，"彼"字由指示代词发展而来，始终没有完全丧失它的指示性，而且带有轻视的意味，不是正式的人称代词。①

31. 古代汉语中人称代词的复数如何表达？

答：古代汉语中人称代词最初没有单数和复数的分别，单数和复数是同形的。先秦时期，"我""吾""尔""汝""而"等都既可以称代单数也可以称代复数，也就是说"我"相当于现代汉语的"我"和"我们"，"尔"相当于现代汉语的"你"和"你们"。例如：

(1) 鲁卫谏曰："齐疾我矣！其死亡者，皆亲昵也。子若不许，仇我必甚。"(《左传·成公二年》)

---

① 王力，《古代汉语》(第一册)，中华书局，2018，359 页。

（2）子路、曾皙、冉有、公西华侍坐。子曰："以吾一日长乎尔，毋吾以也。居则曰：'不吾知也。'如或知尔，则何以哉？"（《论语·先进》）

到了战国、秦汉时期，开始出现在人称代词后面加"侪""属""曹"等来表示复数。但是，人称代词限于"我""吾""尔""汝""若""而"等。例如：

（3）吾侪小人皆有阖庐以辟燥湿寒暑。（《左传·襄公十七年》）

（4）夺项王天下者，必沛公也，吾属今为之虏矣！（《史记·项羽本纪》）

32. 古代汉语指示代词有什么特点？

答：古代汉语指示代词也分成近指和远指两大类，数量较多。表示近指的指示代词有"是""之""此""斯""兹"等，相当于"这""这里""这个"。例如：

（1）闻君行圣人之政，是亦圣人也。（《孟子·滕文公上》）

（2）之二虫又何知？（《庄子·逍遥游》）

（3）非此母不能生此子。（《史记·酷吏列传》）

（4）微斯人？吾谁与归？（范仲淹《岳阳楼记》）

（5）文王既没，文不在兹乎？（《论语·子罕》）

表示远指的指示代词有"夫""彼""其"，相当于"那""那里""那个"。例如：

（6）微夫人之力不及此。（《左传·僖公三十年》）

（7）彼一时也，此一时也。（《孟子·公孙丑上》）

（8）今欲举大事，则非其人不可。（《史记·项羽本纪》）

另外，古代汉语还有“他”“然”“尔”“焉”等几个比较特殊的指示代词。“他”是表示旁指的指示代词，多作宾语、定语，可对译为“别的”或“其他的”。例如：

（9）王顾左右而言他。（《孟子·梁惠王下》）

（10）他人有心，予忖度之。（《诗经·小雅·巧言》）

“然”和“尔”常用作谓语，指代上文所说的情况，可对译为“这样”或“如此”。例如：

（11）河内凶，则移其民于河东，移其粟于河内；河东凶亦然。（《孟子·梁惠王上》）

（12）问君何能尔？心远地自偏。（陶潜《饮酒诗》）

“焉”是一个较特殊的指示代词，常用作补语，可理解为“于＋是（之）”。例如：

（13）陈相见许行而大悦，尽弃其学而学焉。（《孟子·滕文公上》）

33. 古代汉语中“是”字有几种词性和用法？

答：古代汉语里“是”字有好几种词性，可以用作代词、形容词、判断动词等。

一、代词“是”

“是”字作代词用，主要是用作指示代词，这也是上古汉语最常见的用法。作为指示代词，“是”表示近指，相当于现代汉语的“这”，它可以充当主语、宾语、定语等。例如：

（1）孔子谓季氏，八佾舞于庭，是可忍也，孰不可忍也！（《论语·八佾》）

（2）公若泣而哀之，曰：“杀是，是杀余也。”（《左传·昭公二十五年》）

（3）是心足以王矣。（《孟子·梁惠王上》）

另外，作为指示代词，“是”字还可以用作宾语前置的标志，用它复指宾语，前置于动词前，如：

（4）岂不谷是为？先君之好是继。（《左传·僖公四年》）

二、形容词“是”

古代汉语里“是”字可以用作形容词，意思是“对”“正确”。例如：

（5）凡斗者，必自以为是，而以人为非也。（《荀子·荣辱》）

（6）不知我者，谓我士也骄。彼人是哉，子曰何其。（《诗经·魏风·园有桃》）

（7）魏其言是也。（《史记·魏其武安侯列传》）

三、判断动词“是”

判断动词又称为判断词、系词，上古汉语判断句一般是不用判断词的，在上古末期，在表示复指的指示代词“是”的基础上衍生出判断词来，从战国末期开始有了零星用例。例如：

（8）韩是魏之县也。（《战国策·魏策三》）

（9）此是何种也？（《韩非子·外储说左上》）

（10）此必是豫让也。（《史记·刺客列传》）

（11）客人不知其是商君也。（《史记·商君列传》）

34. 疑问代词"谁"和"孰"的用法有什么不同？

答："谁"是一个指人的疑问代词，用法同现代汉语基本一样，只是作宾语时要放在动词前面。例如：

（1）其谁曰不然？（《左传·隐公元年》）

（2）吾谁欺？欺天乎？（《论语·子罕》）

"孰"字作为疑问代词，既可以指人，也可以指事物，经常表示比较选择。例如：

（3）吾子与子路孰贤？（《孟子·公孙丑上》）

（4）独乐乐，与人乐乐，孰乐？（《孟子·梁惠王下》）

以上二例都表选择，例（3）指人，例（4）指事物。

"孰"用来指人时，也有不表选择关系的，这就和"谁"的用法相同了。例如：

（5）四体不勤，五谷不分，孰为夫子？（《论语·微子》）

（6）赤也为之小，孰能为之大？（《论语·先进》）

35. 如何理解古代汉语中"孰与"表比较的用法？

答：疑问代词"孰"有表示比较选择的用法，与连词"与"搭配使用时，形成"A 与 B+ 孰 + 谓词"的句式，其中"A"和"B"是比较的双方，"谓词"是比较点。不过，这个比较句中"孰"字经常移到"与"前，"孰与"连用，形成"A 孰与 B+ 谓词”的格式，比较人物的高下或事情的得失。《战国策·齐策》“邹忌讽齐王纳谏”这个故事中，既出现了“吾与徐公孰美”，又出现了“吾孰与徐公美”，邹忌询问客人时用前者，问他的妻、妾时用后者，意思都是一样的，都理解翻译为“我和徐公相比，谁帅”。“孰与”表比较的例子还有：

（1）巫马子谓子墨子曰：“鬼神孰与圣人明智？”（《墨子·耕柱》）

（2）我孰与皇帝贤？（《史记·郦生陆贾列传》）

在“A孰与B+谓词”格式中，有时谓词也省略，形成“A孰与B”的形式。例如：

（3）公之视廉将军孰与秦王？（《史记·廉颇蔺相如列传》）

（4）田侯召大臣而谋曰：“救赵孰与勿救？”（《战国策·齐策一》）

36. 古代汉语疑问代词“安”“恶”“焉”的使用有什么特点？

答：作为疑问代词，“安”“恶”“焉”主要用来称代处所，在句中充当宾语或状语。例如：

（1）沛公安在？（《史记·项羽本纪》）

（2）居恶在？仁是也；路恶在，义是也。（《孟子·尽心上》）

（3）天下之父归之，其子焉往？（《孟子·离娄上》）

以上三例“安”“恶”“焉”都是充当宾语，可以翻译为“哪里”。它们还可以充当状语，如：

（4）子非鱼，安知鱼之乐？（《庄子·秋水》）

（5）恶能治国家？（《孟子·滕文公上》）

（6）且焉置土石？（《列子·汤问》）

以上三例位于句中动词前，充当状语，一般表示反问，翻译为“哪里”或“怎么”。

37. 古代汉语中无定代词的使用有什么特点？

答：无定代词是指没有确定的指称对象的代词，它是古代汉语中比较特殊的一个词类，只有两个成员，“或”和“莫”。“或”是肯定性无定代词，意思是“有人”“有的”；“莫”是否定性无定代词，意思是“没有人”“没有什么”。现代汉语中已经没有这类词了，所以翻译成现代汉语时一般要用词组来表达。

作为无定代词，“或”只能作主语，指称不确定的对象，一般指人。例如：

（1）或谓子舟曰：“国君不可戮也。”（《左传·文公十年》）

（2）或问乎曾西曰：“吾子与子路孰贤？”（《孟子·公孙丑上》）

（3）填然鼓之，兵刃既接，弃甲曳兵而走。或百步而后止，或五十步而后止。（《孟子·梁惠王上》）

有时“或”指代它前面已经出现过（或隐含）的人或物中的一部分。例如：

（4）宋人或得玉。（《左传·襄公十五年》）

（5）夫物之不齐，物之情也，或相倍蓰，或相什百，或相千万。（《孟子·滕文公上》）

否定性无定代词“莫”一般也只能作主语。例如：

（6）自经于沟渎，而莫之知也。（《论语·宪问》）

（7）群臣莫对。（《战国策·楚策一》）

（8）天下之水，莫大于海。（《庄子·秋水》）

例（6）和例（7）“莫”字替代的是人，例（8）替代的是事物。“莫”字前面可以不出现先行词，也就是它所替代的名词，如例（6）；也可以出现先行词，如例（7）和例（8）。

38. 否定副词“不”和“弗”的语法功能有何不同？

答：“不”和“弗”在上古汉语中都用作一般否定，但语法功能有所差别：“不”字否定的谓语动词既可以是及物动词，也可以是不及物动词，带不带宾语都可以；“弗”字只能否定及物动词，且后面不带宾语。例如：

（1）老妇不闻也。（《战国策·赵策四》）

（2）君子谋道不谋食。（《论语·卫灵公》）

（3）一箪食，一豆羹，得之则生，弗得则死。（《孟子·告子上》）

（4）亟请于武公，公弗许。（《左传·隐公元年》）

有人认为“弗”字相当于“不＋之”，它暗含一个代词，所以修饰的动词后面就不带宾语了。比如上面例（4）中“公弗许”

就相当于“公不之许”。

“不”和“弗”在语法功能上有以上倾向性的区分，似乎形成了规律，但这条规律并不严格，偶尔也会见到“弗”字否定及物动词而带宾语的，如：

（5）虽与之俱学，弗若之矣。（《孟子·告子上》）

39. 否定副词“毋”和“勿”的语法功能有何不同？

答：否定词“毋”和“勿”表示祈使否定，“毋”有时也写作“无”。“毋”和“勿”的区别与“不”和“弗”的区别类似，受“毋”否定的及物动词可以带宾语，受“勿”否定的及物动词一般不带宾语。例如：

（1）大毋侵小。（《左传·襄公十九年》）

（2）将军毋失时，时间不容息。（《史记·张耳陈余列传》）

（3）尔无不信，朕不食言。（《尚书·汤誓》）

（4）无生民心。（《左传·隐公元年》）

（5）己所不欲，勿施于人。（《论语·卫灵公》）

正如“不”和“弗”语法功能的区分不严格一样，“毋”和“勿”的区分也不严格，受“勿”否定的及物动词有时也带宾语。例如：

（6）百亩之田，勿夺其时，数口之家可以无饥矣。（《孟子·梁惠王上》）

（7）（匠石）曰：“已矣，勿言之矣！散木也。”（《庄子·人间世》）

40. 古代汉语中否定副词“未”的语法功能是什么?

答:“未”是否定副词,在古代汉语中表示已然否定,即否定某种情况已经发生,相当于现代汉语的“没”或“没有”。例如:

(1)小人有母,皆尝小人之食矣,未尝君之羹。(《左传·隐公元年》)

(2)盖有之矣,我未之见也。(《论语·里仁》)

(3)是乃仁术也,见牛未见羊也。(《孟子·梁惠王上》)

不过,有时候“未”字并非用来表示事情还没有发生,它只是表示一种委婉的否定,也就是表达一般否定,这样就和“不”字的意义差不多了。例如:

(4)肉食者鄙,未能远谋。(《左传·庄公十年》)

(5)见兔而顾犬,未为晚也;亡羊而补牢,未为迟也。(《战国策·楚策四》)

(6)所食之粟,伯夷之所树与?抑亦盗跖之所树与?是未可知也。(《孟子·滕文公下》)

41. 古代汉语中“毋”和“无”可以互相替代吗?

答:在否定副词的词性上,“毋”和“无”意义功能基本相同,都用于祈使句,表示禁止或劝阻。例如:

(1)毋妄言,族矣!(《史记·项羽本纪》)

(2)不及黄泉,无相见也。(《左传·隐公元年》)

在这样的句子中，“毋”和“无”可以互相替代。

不过，“无”字还用作动词，是“有”的反面，表示不存在，它后面经常带名词宾语。例如：

（3）人无远虑，必有近忧。（《论语·卫灵公》）

（4）人谁无过？（《左传·宣公二年》）

（5）位尊而无功，奉厚而无劳。（《战国策·赵策四》）

在这种情况下，一般不能用“毋”来替代。

42. 如何理解古代汉语中的谦敬副词？

答：谦敬副词是表示自谦和尊敬说话对象的副词，用在谓语动词前修饰谓语。其中用在说话人自己身上的表示自谦，常用的有“敢”“窃”“忝”“伏”“愚”等。例如：

（1）敢问何谓浩然之气？（《孟子·公孙丑上》）

（2）寡人窃闻赵王好音，请奏瑟。（《史记·廉颇蔺相如列传》）

（3）臣忝当大任，义在安国。（《三国志·魏书·三少帝纪》）

（4）臣伏计之，大王奉高祖宗庙最相宜称。（《汉书·文帝纪》）

（5）愚以为营中之事，悉以咨之，必能使行阵和睦，优劣得所。（诸葛亮《出师表》）

用在别人身上的表示尊敬，常用的有“惠”“辱”“幸”“蒙”“请”“谨”“垂”“敬”等。例如：

（6）君惠徼福于敝邑之社稷，辱收寡君，寡君之愿也。（《左传·僖公四年》）

（7）曩者先生有绪言而去，丘不肖，未知所谓，窃待于下风，幸闻咳唾之音。（《庄子·渔父》）

（8）过蒙拔擢……岂敢盘桓？（李密《陈情表》）

（9）颜渊曰："回虽不敏，请事斯语矣。"（《论语·颜渊》）

（10）今主君欲一天下，收诸侯，存危国，寡人谨奉社稷以从。（《史记·苏秦列传》）

（11）请诉之，愿大王垂听。（马中锡《中山狼传》）

（12）天子为动，改容式车，使人称谢："皇帝敬劳将军。"（《史记·绛侯周勃世家》）

例（6）"惠"是"恩惠"，句中意思是您向我们国家求福对我们来说是一种恩惠。"辱"是"受辱"，意思是您收留了我们国君，让他存活下来，使您受辱了。其他各例也当类似理解。

43. 如何理解"而"字是一个谓词性的连词？

答：由于"而"字主要连接动词、形容词等谓词性成分，所以称它为"谓词性连词"。

"而"字在句子里连接动词、形容词或动词词组、形容词词组，表示两种性质或行为的联系。例如：

（1）敏于事而慎于言。（《论语·学而》）

（2）公子鲍美而艳。（《左传·文公十六年》）

（3）上自倚瑟而歌。（《史记·张释之冯唐列传》）

（4）豕人立而啼。（《左传·庄公八年》）

以上“而”字连接谓词性成分构成联合关系或偏正关系，有时“而”还可以位于主语和谓语之间，构成主谓关系。例如：

（5）相鼠有皮，人而无仪！（《诗经·鄘风·相鼠》）

（6）国君而仇匹夫，惧者甚众矣。（《左传·僖公二十四年》）

有时“而”字连接了名词性成分，那么要么是名词性成分活用作动词了，要么是“而”字连接的名词短语充当谓语，对主语进行描写说明。例如：

（7）若阙地及泉，隧而相见，其谁曰不然？（《左传·隐公元年》）

（8）蟹六跪而二螯。（《荀子·劝学》）

例（7）“隧”活用作动词，例（8）“六跪而二螯”充当谓语。总之，不影响“而”的谓词性。

另外，谓词性的“而”字还可以连接复句。例如：

（9）近者悦服，而远者怀之，此大学之道也。（《礼记·学记》）

（10）公子即合符，而晋鄙不授公子兵，而复请之，事必危矣。（《史记·魏公子列传》）

44. 古汉语主谓之间“而”的作用是什么？

答：古代汉语主语和谓语之间可以加入“而”字，形成“N而V”的结构。例如：

（1）人而无信，不知其可也。（《论语·为政》）

（2）君子而不仁者有矣夫。（《论语·宪问》）

（3）其子而食之，且谁不食？（《韩非子·喻老》）

（4）相鼠有体，人而无礼！（《诗经·墉风·相鼠》）

（5）子产而死，其谁嗣之？（《左传·襄公三十年》）

（6）后世若少惰，陈氏而不亡，则国其国也已。（《左传·昭公二十六年》）

对主谓之间“而”字的作用有不同的认识，过去的训诂学家曾经随文释义，认为“而”字可以表转折（如例4），可以表假设（如例5）。现在语法学界已经认识到所谓转折、假设等都是根据上下文分析出来的，因为去掉“而”字也不影响转折、假设的实现。目前一般认为“而”字就是一个连词，起连接作用。分歧主要是对“N而V”结构的看法，一种看法认为“N而V”结构还是主谓结构，“而”字的作用是舒缓语气，强调凸显主语，比如“人而无信”强调的是“人”的身份。另一种看法认为“N而V”结构中“而”字连接的是两个谓词性成分或者两个小句，其前的N是一个省略形式，比如“人而无信”中的“人”是“作为一个人”的省略或隐含。①

45. 连词“以”字有哪些用法？

答：“以”字也是一个谓词性的连词，主要连接动词或动词

① 吴春生、马贝加，《“名而动”结构补说》，中国语文2014年第2期。

性词组。它所连接的两个动词，或两个动词性词组，前一动作为行为往往是实现后一动作行为的方式、方法或原因，后一动作行为是前一动作行为的目的或结果。例如：

（1）晋灵公不君，厚敛以彫墙。（《左传·宣公二年》）

（2）张侯曰："自始合而矢贯余手及肘，余折以御，左轮朱殷，岂敢言病？吾子忍之。"（《左传·成公二年》）

（3）越国以鄙远，君知其难也。焉用亡郑以陪邻？（《左传·僖公三十年》）

（4）志士仁人，无求生以害仁，有杀身以成仁。（《论语·卫灵公》）

"以"字也可以连接状语和中心词。例如：

（5）若潜师以来，国可得也。（《左传·僖公三十二年》）

（6）愿夫子辅吾志，明以教我。（《孟子·梁惠王上》）

还可以连接时间或方位。例如：

（7）夫神农以前，吾不知已。（《史记·货殖列传》）

（8）衡湘以南为进士者，皆以子厚为师。（韩愈《柳子厚墓志铭》）

另外，"以"字还可以用在复句中，经常连接因果关系的复句，所连接的是两个分句，有的果句在前，因句在后；有的因句在前，果句在后。这种"以"字可以译为"由于"或"因为"。例如：

（9）晋侯秦伯围郑，以其无礼于晋且贰于楚也。（《左传·僖公三十年》）

（10）其子曰张挚，字长公，官至大夫，免。以不能取

容当世，故终身不仕。(《史记·张释之冯唐列传》)

46. 连词“则”主要用于哪些复句中？

答：“则”字是一个连接作用很强的连词，主要用在复句中，可以出现在各种语义关系的复句中。

一、并列关系

这种“则”字是在几件事对举时使用，往往形成“……则……，……则……”的格式。例如：

（1）子女玉帛，则君有之；羽毛齿革，则君地生焉。(《左传·僖公二十三年》)

（2）水则载舟，水则覆舟。(《荀子·王制》)

二、顺承关系

“则”字连接的两部分是承接关系，按时间的先后顺序发生，前一事情发生以后，紧接着就发生后一事情。例如：

（3）战则请从。(《左传·庄公十年》)

（4）谌虽暴抗，然闻言则大愧流汗，不能食。(柳宗元《段太尉逸事状》)

有些句子，“则”字后面叙述的事情，客观上是发生在“则”前面叙述的事情之前，“则”字后面的话常含有“原来已经”“发现”等意思。例如：

（5）使子路反见之，至，则行矣。(《论语·微子》)

（6）公使阳处父追之，及诸河，则在舟中矣。(《左传·僖公三十三年》)

三、转折关系

“则”字连接的前项和后项，两项内容不一致，或者相反。这时，“则”可以译为“却”。例如：

（7）欲速则不达。（《论语·子路》）

（8）狗彘食人食而不知检，涂有饿莩而不知发；人死，则曰：“非我也，岁也。”（《孟子·梁惠王上》）

四、条件关系

“则”字连接的前项常常是产生后项的条件或原因，后项是前项的结果，前后两项形成条件关系。这种“则”字一般可译为“就”。例如：

（9）布帛长短同，则贾相若；麻缕丝絮轻重同，则贾相若；五谷多寡同，则贾相若；屦大小同，则贾相若。（《孟子·滕文公上》）

（10）圣人已死，则大盗不起，天下平而无故矣。（《庄子·胠箧》）

五、假设关系

“则”字连接的前后项——条件和结果，如果是没有实现的，那么两项之间就是假设关系，“则”字一般可以译为“就”。例如：

（11）会请先，不入，则子继之。（《左传·宣公二年》）

（12）王如知此，则无望民之多于邻国也。（《孟子·梁惠王上》）

47. 古代汉语中“然而”是一个转折连词吗？

答：上古汉语中经常看到“然”和“而”连用在一起，不过大部分情况下，二者虽连用，但并未凝固成一个词。“然而”是一个短语，是代词“然”和连词“而”的组合，是两个词，而不是一个表转折的连词。句中“然”的作用是复指上文内容，“而”的作用是连接，前后之间形成转折关系。例如：

（1）七十者衣帛食肉，黎民不饥不寒，然而不王者，未之有也。（《孟子·梁惠王上》）

（2）故惠王之明，武王之察，张仪之好谮，甘茂事之，取十官而无罪，茂诚贤者也，然而不可相秦。（《战国策·楚策一》）

（3）且君亲从臣而胜降城，城非不高也，人民非不众也，然而可得并者，政恶故也。（《战国策·魏策一》）

不过，转折连词“然而”确实是这两个词经常一起使用，慢慢词汇化来的，上古汉语中也有一些“然而”的用法和今天基本一致，仅仅表示转折。例如：

（4）夫垂泣不欲刑者，仁也；然而不可不刑者，法也。（《韩非子·五蠹》）

（5）夫市之无虎明矣，然而三人言而成虎。（《战国策·魏策二》）

像“然而”这样，形式上像现代汉语的连词而实际上是一个短语的还有“虽然”“不过”等。

48. 介词“以”有哪些用法？

答：介词“以”的主要用法有四种：

第一，介绍动作行为所使用的工具、凭借的条件，相当于现代汉语的“用”“拿”“凭”等。例如：

（1）许子以釜甑爨，以铁耕乎？（《孟子·滕文公上》）

（2）以家量贷，而以公量收之。（《左传·昭公三年》）

（3）以五十步笑百步，则何如？（《孟子·梁惠王上》）

第二，是介绍动作行为所涉及的对象，相当于现代汉语的“把”。例如：

（4）陈子以时子之言告孟子。（《孟子·公孙丑下》）

（5）秦亦不以城予赵，赵亦终不予秦璧。（《史记·廉颇蔺相如列传》）

第三，介绍动作行为形成的原因，相当于现代汉语的“因为”“由于”。例如：

（6）君子不以言举人，不以人废言。（《论语·卫灵公》）

（7）左右以君贱之也，食以草具。（《战国策·齐策四》）

第四，介绍出动作行为发生的时间。例如：

（8）文以五月五日生。（《史记·孟尝君列传》）

（9）子厚以元和十四年十一月八日卒。（韩愈《柳子厚墓志铭》）

49. “以”既可以作介词，又可以作连词，如何区分？

答：古代汉语中“以”字有介词、连词两种词性，需要注意区别。首先，“以”是介词时，它后面总要有个名词或词组，组成介宾结构，来修饰动词谓语。“以”字是连词，它总要有被连接的两个部分，一般是动词或动词短语，这两部分中后一部分往往是前一部分的目的或结果。例如：

（1）君若以德绥诸侯，谁敢不服？（《左传·僖公四年》）

（2）晋侯复假道于虞以伐虢。（《左传·僖公五年》）

以上例（1）是介词，例（2）是连词。

当然，当介词“以”的宾语省略时，“以”后面往往紧接着的是动词，而不是名词，这就与连词“以”不易分辨了。遇到这种情况，就要看“以”的前面是否是个动词。如果是，“以”就是连词；如果不是，“以”就是介词。例如：

（3）太史书曰：“赵盾弑其君。”以示于朝。（《左传·宣公二年》）

（4）衣食所安，弗敢专也，必以分人。（《左传·庄公十年》）

（5）樊哙侧其盾以撞。（《史记·项羽本纪》）

（6）黔无驴，有好事者船载以入。（柳宗元《黔之驴》）

以上前两例是介词，后两例是连词。

另外，“以”字后面紧接着“上、下、前、后、内、外、东、西、南、北”等方位词时，它一定是连词。

（7）自王侯以下，莫不逾侈。（《后汉书·张衡传》）

（8）左师公曰：“今三世以前，至于赵之为赵，赵主之子孙侯者，其继有在者乎？”（《战国策·赵策四》）

50.“以”字构成的介词词组位于动词前还是动词后?

答:“以”字和名词性成分构成的介词词组既可以位于动词前作状语,又可以位于动词后作补语。先看位于动词前的例子:

(1)许子以釜甑爨,以铁耕乎?(《孟子·滕文公上》)

(2)君若以德绥诸侯,谁敢不服?(《左传·僖公四年》)

(3)以其兄之子妻之。(《论语·公冶长》)

再看位于动词之后的例子:

(4)五亩之宅,树之以桑,五十者可以衣帛矣。(《孟子·梁惠王上》)

(5)凡闻言必熟论,其于人必验之以理。(《吕氏春秋·察传》)

(6)加之以师旅,因之以饥馑。(《论语·先进》)

在以上这些例子中,“以”字一般引出工具或对象,构成介词词组后修饰谓语动词。总之,“以”字词组既可前置,也可后置,所以《孟子》中既说“以羊易之”,又说“易之以羊”。

“以”字词组在上古汉语中虽然位于动词前后均可,但位于动词前的居多,而汉代以后,介词词组却是越来越倾向于前置了。[①]

51.“与”有几种词性和用法?

答:“与”字可以用作动词、连词、介词和语气词,具体用

① 张赪,《汉语介词词组词序的历史演变》,北京语言文化大学出版社,2002,40页。

法如下：

一、动词“与”

动词“与”又有不同的读音和词性，一种是读yǔ，三声，常用义是“给与”，是个及物动词，既可以带单宾语，又可以带双宾语。例如：

（1）我持白璧一双，欲献项王，玉斗一双，欲与亚父。（《史记·项羽本纪》）

（2）文公与之处。（《孟子·滕文公上》）

另一个读音是读yù，四声，常用义是“参与”。例如：

（3）蹇叔之子与师。（《左传·僖公三十二年》）

（4）秦伯纳女五人，怀嬴与焉。（《左传·僖公二十三年》）

二、连词“与”

作为连词“与”，读yǔ，三声。它可以连接词与词，词组与词组，表示并列关系。例如：

（5）子罕言利与命与仁。（《论语·子罕》）

（6）谷与鱼鳖不可胜食，材木不可胜用，是使民养生丧死无憾也。（《孟子·梁惠王上》）

（7）此可谓知义与不义之别乎？（《墨子·非攻》）

三、介词“与”

介词“与”，也读三声，用法主要有两种。一是介绍主动者发出动作时所涉及的对象，说明动作是与谁（什么）共同完成的。可译为“跟”“和”“同”等。例如：

（8）后五日平明，与我会此。（《史记·留侯世家》）

（9）王尝久与驺奴、宰人游戏饮食。（《汉书·龚遂传》）

第二种用法，介绍主动者发出动作以后受益的对象，即为“谁”或“什么”发出动作，可译为“为”“给”等。例如：

（10）陈涉少时，尝与人佣耕。（《史记·陈涉世家》）

（11）汉王与义帝发丧。（《汉书·高帝纪上》）

四、语气词“与”

作为语气词，读 yú，二声，位于句末，表示疑问语气。例如：

（12）管仲非仁者与？（《论语·宪问》）

（13）求之与？抑与之与？（《论语·学而》）

52.“与”既可以作介词，又可以作连词，如何区分？

答：“与”既是介词，又是连词，要加以正确区分，可以参考以下几点：

第一，看“与”字的前后项互换位置后，是否影响原意。对原意没有什么影响的，“与”是连词；严重影响原意的，是介词。如“今由与求也相夫子”（《论语·季氏》），“由与求”是两个人名，位置互换后，句意没有什么变化，“与”是连词。而“汉王与义帝发丧”（《汉书·高帝纪上》），“与”的前后项如果互换，则意思和原意正好相反，中间的“与”是介词。

第二，看“与”字前面是否有修饰成分。有副词、助动词等修饰成分的是介词，如“王尝久与驺奴、宰人游戏饮食”（《汉书·龚遂传》），其中“与”前有修饰成分“尝”“久”，“与”是介词。

第三，看“与”是否介于不同词类的词之间。介于不同词类之间的“与”是介词。如“项伯见沛公。沛公与饮为寿，结宾婚”(《史记·留侯世家》)，“与”位于名词“沛公”和动词“饮”之间，是介词，其宾语“项伯”省略了。

53. 古代汉语介词的宾语可以省略吗?

答：古代汉语介词“以”“与”“为”等，其宾语所指如果在上文中已经出现过，或者不言而听者自明，那么就可以省略。例如：

(1) 小人有母，皆尝小人之食矣，未尝君之羹。请以遗之。(《左传·隐公元年》)

(2) 王见之，曰：“牛何之?”对曰：“将以衅钟。”(《孟子·梁惠王上》)

(3) 项伯见沛公。沛公与饮为寿，结宾婚。(《史记·留侯世家》)

(4) 臣客屠者朱亥可与俱，此人力士。(《史记·魏公子列传》)

(5) 先生不羞，乃有意欲为收责于薛乎?(《战国策·齐策四》)

(6) 每至于族，吾见其难为，怵然为戒，视为止，行为迟。(《庄子·养生主》)

例(1)“以”后省略了“君之羹”，例(2)“以”后省略了“牛”，例（3）“与”后省略了“项伯”，例（4）“与”后省略了“公子”，例（5）“为”后省略了说话人“文”，例（6）“为”后省略了“族”。所有省略的部分都可以补充上一个代词“之”字。

到了现代汉语中介词的宾语不可以省略了，跟古代汉语不同，这是需要注意的。

54. 介词“于”可以用在哪些句式中?

答：介词“于”用于被动句，作用是引出动作行为的主动者，使得句子里施动者和受动者的关系更为明确。例如：

（1）郄克伤于矢。（《左传·成公二年》）

（2）御人以口给，屡憎于人。（《论语·公冶长》）

（3）劳心者治人，劳力者治于人。（《孟子·滕文公上》）

“于”字用于比较句，是引出比较的对象，形成“A+形容词+于+B”的比较句式。例如：

（4）季氏富于周公。（《论语·先进》）

（5）师少于我，斗士倍我。（《左传·僖公十五年》）

（6）王如知此，则无望民之多于邻国也。（《孟子·梁惠王上》）

用于比较句的“于”字，相当于现代汉语的“比”，但是表示比较的“于”字句和现代汉语的“比”字句语序完全不同，需要注意。

55. 介词“于”和“於”在上古汉语中是完全通用的吗？

答：“于”和“於”在上古文献中本来是两个字，读音也不同，后来“于”和“於”都用作介词。两个字都作介词用，可能有时代上的差异或地域上的差别。时代上的差异与变化如下：甲骨文中用“于”不用“於”；《尚书》《诗经》中用“于”的数量占绝大多数；《论语》中除了引用《尚书》外，通例不用“于”；《左传》一书中“于”“於”的使用频率相当；其他上古文献如《孟子》《荀子》等书中，“於”字用例占绝大多数；到了汉代“於”字基本上取代了“于”。现代汉语中“於”字简化成“于”。

“于”“於”并用的书里，二者在功能上是有大致的分工的：如果介引的是地名，一般用“于”不用“於”；如果是在被动句或比较句里，一般用“於”不用“于”。例如：

（1）壬戌，战于韩原。（《左传·僖公十五年》）

（2）劳心者治人，劳力者治於人。（《孟子·滕文公上》）

（3）管仲卒，齐国遵其政，常强於诸侯。（《史记·管晏列传》）

56. 古代汉语中“之”有几种词性和用法？

答：古代汉语中“之”字是一个高频使用的虚词，主要有三种词性：动词、代词和助词。

一、动词“之”

作为动词，“之”的意义是“到”“往”，后面接位移的目的地，这是“之”字的本义。例如：

（1）将之薛，假涂于邹。（《战国策·赵策三》）

（2）田乞使人之鲁，迎阳生。（《史记·田敬仲完世家》）

（3）曰：“牛何之？”（《孟子·梁惠王上》）

二、代词“之”

作为代词，“之”有两种用法。一种用法是指代第三方，代替“人”或“事物”，在句子中一般作宾语，相当于第三人称代词。例如：

（4）爱公叔段，欲立之。（《左传·隐公元年》）

（5）以小易大，彼恶知之？（《孟子·梁惠王上》）

另一种用法是用作指示代词，用来修饰名词性成分，一般是近指，翻译为“这”。例如：

（6）之子于归，宜其室家。（《诗经·周南·桃夭》）

（7）之二虫又何知？（《庄子·逍遥游》）

三、助词“之”

作为助词，“之”字主要用作结构助词。一是位于定语和中心语之间，起连接修饰语和中心语的作用。例如：

（8）今臣之刀十九年矣。（《庄子·养生主》）

（9）朽木不可雕也，粪土之墙不可圬也。（《论语·公冶长》）

（10）今公子有急，此乃臣效命之秋也。（《史记·魏公子列传》）

二是位于主语和谓语之间，取消句子独立性。例如：

（11）岁寒，然后知松柏之后凋也。（《论语·子罕》）

（12）皮之不存，毛将安傅？（《左传·僖公十四年》）

（13）寡人之于国也，尽心焉耳矣。（《孟子·梁惠王上》）

另外，“之”字有时位于句末，用于强调或补足语气，无义。例如：

（14）怅恨久之。（《史记·陈涉世家》）

57. 定中结构之间的“之”字和主谓结构之间的“之”字性质功能相同吗？

答：两种句法环境下的“之”字从词性上讲是相同的，都是结构助词。“之”字位于定中结构之间和主谓结构之间，各起不同的作用。

定中结构之间的“之”字，连接定语和中心语，可以表示领有关系、同一关系或修饰关系，翻译成“的”。例如：

（1）蔓草犹不可除，况君之宠弟乎？（《左传·隐公元年》）

（2）且尔言过矣，虎兕出于柙，龟玉毁于椟中，是谁之过与？（《论语·季氏》）

（3）公输般为楚造云梯之械。（《墨子·公输》）

（4）发鸠之山，其上多柘木。（《山海经·北山经》）

（5）小大之狱，虽不能察，必以情。（《左传·庄公十年》）

（6）夫秦王有虎狼之心。（《史记·项羽本纪》）

以上例（1）和例（2）是领有关系，例（3）和例（4）是同一关系，例（5）和例（6）是修饰关系。

主谓之间的“之”字，作用是取消句子独立性，现代汉语没有对应的词，不译。插入“之”字的主谓结构可以作主语、宾语，还可以充当复句的分句。例如：

（7）贡之不入，寡君之罪也。（《左传·僖公四年》）

（8）夫物之不齐，物之情也。（《孟子·滕文公上》）

（9）宦三年矣，未知母之存否。（《左传·宣公二年》）

（10）唯恐缄縢扃鐍之不固也。（《庄子·胠箧》）

（11）左师公曰：“父母之爱子，则为之计深远。”（《战国策·赵策四》）

（12）虽我之死，有子存焉。（《列子·汤问》）

（13）媪之送燕后也，持其踵为之泣，念悲其远也，亦哀之矣。（《战国策·赵策四》）

例（7）和例（8）“之”字短语作主语，例（9）和例（10）作宾语，例（11）、例（12）、例（13）充当复句的分句。

58. 古代汉语中“者”有几种词性和用法？

答：古代汉语中“者”字主要用作结构助词和语气词。

一、结构助词“者”

作为结构助词，“者”的主要作用是用在谓词性词语后面，构成名词性的“者”字短语，表示“……的人”或“……的事物”。例如：

（1）往者不可谏，来者犹可追。（《论语·微子》）

（2）老者衣帛食肉。（《孟子·梁惠王上》）

（3）鱼，我所欲也；熊掌，亦我所欲也。二者不可得兼，舍鱼而取熊掌者也。（《孟子·告子上》）

（4）毛羽不丰满者，不可以高飞。（《战国策·秦策一》）

以上四例，“者”字分别位于动词、形容词、数词、主谓短语后面，构成名词性的“者”字短语，再充当句子主语。需要注意的是，王力《古代汉语》把结构助词“者”处理成指示代词。[1]

二、语气词“者”

语气词“者”用在句中或句末，表示提顿，用于句末时还经常跟其他语气词连用。例如：

（5）南冥者，天池也。（《庄子·逍遥游》）

（6）齐人有冯谖者，贫乏不能自存。（《战国策·齐策四》）

（7）昔者，吾舅死于虎，吾夫又死焉，今吾子又死焉。（《礼记·檀弓下》）

（8）然而不胜者，是天时不如地利也。（《孟子·公孙丑下》）

（9）充仲子之操，则蚓而后可者也。（《孟子·滕文公下》）

59. 古代汉语中“者”和“所”的用法有什么异同？

答：“者”和“所”都是古代汉语中的结构助词，共同点是

---

① 王力，《古代汉语》（第一册），中华书局，2018，361页。

词性相同，都是虚词，只起结构标志作用，不能单独充当句法成分，要跟其他的词组成短语才能充当句子成分。例如：

（1）仁者不忧，知者不惑，勇者不惧。（《论语·宪问》）

（2）不为者与不能者之形何以异？（《孟子·梁惠王上》）

（3）仲子所居之室，伯夷之所筑与？抑亦盗跖之所筑与？（《孟子·滕文公下》）

不同点方面，除了“者”字还可以用作语气词外，作为结构助词二者用法也有些差别。一是结构位置上，“者”字位于谓词性成分之后，“所”字位于谓词性成分之前。二是“者”字提取的是动作行为的施事，“所”字提取的是动作行为的受事。比如，“言者”即指说话的人，“所言”即指所说的话。再如：

（4）见者惊犹鬼神。（《庄子·达生》）

（5）始臣之解牛之时，所见无非牛者。（《庄子·养生主》）

“见者”指看见的人，是施事；“所见”指见的对象，即牛，是受事。

60. 古代汉语中的“所以”与现代汉语在功能上有何不同？

答：古代汉语中出现的“所以”，一般是结构助词“所”和介词“以”结合，形成的一个固定结构，不同于现代汉语中的连词“所以”。

作为固定结构“所以”，可以表示动作行为实现的工具、方法，也可以表示导致行为出现的原因。例如：

（1）彼兵者，所以禁暴除害也。（《荀子·议兵》）

（2）夫礼，所以整民也。（《左传·庄公二十三年》）

（3）吾知所以距子矣，吾不言。（《墨子·公输》）

（4）其竭力致死，无有二心，以尽臣礼，所以报也。（《左传·成公三年》）

（5）诸侯所以归晋君，礼也。（《左传·昭公三十年》）

（6）儒以文乱法，侠以武犯禁，而人主兼礼之，此所以乱也。（《韩非子·五蠹》）

例（1）和例（2）表示工具，例（3）和例（4）表示方式或方法，例（5）和例（6）表示原因。

古代汉语中"所"和介词形成的固定结构，除了"所以"外，还有"所为""所与""所从"等。

61. 语气词"也"只能出现在句末吗?

答：语气词"也"字除了出现在句末，也可以出现在句中，表示顿宕，兼有强调和提示作用。这种"也"字一般用在句中主语、状语之后，表示语气上的停顿，对上文是强调，对下文是提示。

先看出现在句中主语后的：

（1）赤也为之小，孰能为之大？（《论语·先进》）

（2）师也过，商也不及。（《论语·先进》）

（3）斯人也，而有斯疾也！（《论语·雍也》）

（4）鸟之将死，其鸣也哀。（《论语·泰伯》）

（5）且夫水之积也不厚，则其负大舟也无力。（《庄

子·逍遥游》）

例（1）在主语“赤”之后使用“也”字，就造成了语气上的停延，有强调凸显主语身份的作用，同时对下文也是一种提示。余例皆可如此分析，需要注意的是后两例作主语的是主谓短语。

出现在状语后面时，一般是表示时间的状语，例如：

（6）今也滕有仓廪府库，则是厉民而以自养也。（《孟子·滕文公上》）

（7）当是时也，禹八年于外，三过其门而不入，虽欲耕，得乎？（《孟子·滕文公上》）

（8）臣之壮也，犹不如人；今老矣，无能为也矣。（《左传·僖公三十年》）

这些例句中，时间状语后加入“也”字都有强调这个时间的作用。

62. 语气词“矣”的语法功能是什么？

答：“矣”字经常用在叙述句句末，把事物发展变化的情况告诉别人，含有运动过程和时间因素，是个表示动态的直陈语气词，相当于现代汉语中的“了”。

“矣”字所表示的动态有两种情况。

一是原来或从前就有这种情况，说话人把它当作一种新情况提出来加以陈述，或告知别人。例如：

（1）使阳处父追之，及诸河，则在舟中矣。（《左

传·僖公三十三年》)

（2）其子趋而往视之，苗则槁矣。(《孟子·公孙丑上》)

（3）秦王以为然，下吏治非……秦王后悔之，使人赦之，非已死矣。(《史记·老子韩非列传》)

二是现在还没有出现某种情况，但预料、推断这种情况将必然出现，说话人也可以用“矣”字把这必将出现的新情况提示出来。例如：

（4）虞不腊矣。(《左传·僖公五年》)

（5）今有构木钻燧于夏后氏之世者，必为鲧、禹笑矣。(《韩非子·五蠹》)

（6）公子即合符，而晋鄙不受公子兵而复请之，事必危矣。(《史记·魏公子列传》)

63. 疑问语气词“乎”的用法有哪些？

答：“乎”字作为疑问语气词，使用非常广泛，可以表示多种疑问语气。按提问的出发点和疑问的性质不同，可分为询问、反问和推测三种情况。

一、询问

说话人提出问题，要求对方回答，涉及是非问句、选择问句和特指问句。这是一种纯粹的疑问，“乎”可译为“吗”或“呢”。例如：

（1）孟尝君问：“冯公有亲乎？”(《战国策·齐策四》)

（2）许子必种粟而后食乎？(《孟子·滕文公上》)

（3）事齐乎？事楚乎？（《孟子·梁惠王下》）

（4）孟子曰："敬叔父乎？敬弟乎？"（《孟子·告子上》）

（5）何伤乎？亦各言其志也。（《论语·先进》）

（6）轸不之楚，何归乎？（《史记·陈轸列传》）

以上前两例是是非问，中间两例是选择问，最后两例是特指问。

二、反问

反问是无疑而问，用疑问的形式表示毫无疑义的意见，所以并不需要对方回答。这种"乎"字也可以译成"吗"或"呢"。例如：

（7）圣人之忧民如此，而暇耕乎？（《孟子·滕文公上》）

（8）梁王安得晏然而已乎？（《战国策·赵策三》）

（9）天之所置，其可废乎？（《左传·僖公二十八年》）

（10）王侯将相，宁有种乎？（《史记·陈涉世家》）

（11）岂先贱而后尊贵者乎？（《战国策·齐策四》）

因为是无疑而问，故在句末用"乎"字的同时，句中还经常出现别的反诘词来配合，例（8）至例（11）分别使用了"安""其""宁""岂"等。

另外，"乎"与"不亦"构成"不亦……乎"，是一种比较委婉的反问说法，其反问语气比带其他反诘词语的反问句要轻缓一些，一般翻译为"不也……吗？"。例如：

（12）子曰："学而时习之，不亦说乎？"（《论语·学而》）

（13）求剑若此，不亦惑乎？（《吕氏春秋·察今》）

三、测度问

测度问是说话人已有了答案，对答案是否正确可靠还没有十分把握，于是就用基本相信而有些不确定的语气把自己的意见提出来，也不要求对方回答，是一种疑信参半的问话形式。因为是推测，所以句中常有“其”“无乃（毋乃）”“得无（得毋、得微、得非）”等表示委婉的词语相配合，以增加推测的委婉语气。这种句子里的“乎”一般可译为“吧”。例如：

（14）先君有共德，而君纳诸大恶，无乃不可乎？（《左传·庄公二十四年》）

（15）日食饮得无衰乎？（《战国策·赵策四》）

（16）袁盎顾之曰：“我所谓袁将军者也。公得毋误乎？”（《史记·梁孝王世家》）

例（14）“无乃不可乎”理解翻译为“恐怕不行吧”，例（15）“得无衰乎”翻译为“也许没有减少吧”，例（16）“得毋误乎”译为“恐怕是弄错了吧”。

64. 疑问语气词“乎”和“与（欤）”的功能有何异同？

答：“与”或“欤”是疑问语气词，它可以用于是非问句、选择问句、特指问句，也用于反问句，这跟“乎”的功能很相似。例如：

（1）曰：“是鲁孔丘与？”曰：“是也。”（《论语·微子》）

（2）求之与？抑与之与？（《论语·学而》）

（3）虎兕出于柙，龟玉毁于椟中，是谁之过与？（《论

语·季氏》)

（4）唯求则非邦也与？（《论语·先进》）

但是，“与（欤）”表示疑问语气时，在是非问句句末一般不表示纯粹的疑问，而是说话人心目中已有了某种看法，但还不能深信不疑，提出来要求证实，这是跟“乎”的用法不同的。比如上面例（1）说话人问“是鲁孔丘与”时，实际上已经有了一个基本的肯定的判断，只是向对方求证一下自己的判断。再如：

（5）子非三闾大夫欤？（《史记·屈原列传》）

这句翻译为“你不是三闾大夫吗”，很明显说话人对对方的身份已有肯定的判断，只是再向对方证实一下。

所以鉴于“与（欤）”字经常不能表示纯粹的疑问，那么“乎”字表示纯粹疑问的句法环境中，就不能用“与（欤）”字代替。例如“伤人乎”（《论语·乡党》）不能换成“伤人与”，“冯公有亲乎”（《战国策·齐策四》）不能换成“冯公有亲与”。

65. 古代汉语中“诸”是疑问语气词吗？

答：“诸”在古代汉语里是一个合音词，它既可以出现于句中，也可以出现于句末。出现在句中时是“之于”的合音，出现于句末时是“之乎”的合音。例如：

（1）京叛大叔段，段入于鄢，公伐诸鄢。（《左传·隐公元年》）

（2）行有不得者皆反求诸己，其身正而天下归之。（《孟子·离娄上》）

（3）文王之囿，方七十里，有诸？（《孟子·梁惠王下》）

（4）子路问："闻斯行诸？"子曰："有父兄在，如之何其闻斯行之？"（《论语·先进》）

例（1）"伐诸鄢"相当于"伐之于鄢"，例（2）"反求诸己"相当于"反求之于己"，例（3）"有诸"等于是"有之乎"，例（4）"行诸"等于说"行之乎"。

所以说"诸"字是一个疑问语气词并不恰当。

66. 古代汉语中"焉"的词性和功能是什么？

答："焉"字经常出现于叙述句句末，表示陈述语气。但有时除了表示陈述语气之外，它还暗含一定的指代对象，指代某一范围或某一方面，所以说它是一个指示代词兼语气词，有人直接称之为"兼词"。例如：

（1）制，岩邑也，虢叔死焉。（《左传·隐公元年》）

（2）三人行，必有我师焉。（《论语·述而》）

（3）非曰能之，愿学焉。（《论语·先进》）

例（1）"虢叔死焉"的意思是"虢叔死在那里"，"焉"字除了表示陈述语气，还指示处所，指代前面的"岩邑"。例（2）翻译为"几个人一起走路，其中一定有可以当我的老师的"，"焉"字指代"三人"，指示的是人物。例（3）"愿学焉"译为"愿意在这方面学习"，"焉"字指代上文言及的方面。

这种用法的"焉"字，如果位于形容词后，就指代比较的对象。例如：

（4）过而能改，善莫大焉。（《左传·宣公二年》）

（5）晋国，天下莫强焉。（《孟子·梁惠王上》）

（6）五伯先事而后兵，故兵莫强焉。（《吕氏春秋·先己》）

以上三例“焉”字在表达陈述语气的同时，都含有比较的对象，例（4）指代“过而能改”，例（5）指代“晋国”，例（6）指代“五伯”。

需要注意的是“焉”字也有不含指代对象，只是纯语气词的用法。例如：

（7）宗庙之事，如会同，端章甫，愿为小相焉。（《论语·先进》）

67. 如何理解古代汉语句末语气词连用现象？

答：古代汉语句子末尾可以同时使用两个或者三个语气词，构成句末语气词连用，表达多种复杂的语气。比如，句末语气词“也”字经常与其他语气词连用，构成“也已”“也夫”“也与”“也哉”“也乎”“也乎哉”等连用结构。例如：

（1）臣之壮也，犹不如人。今老矣，无能为也已。（《左传·僖公三十年》）

（2）唯求则非邦也与？（《论语·先进》）

（3）子曰：“莫我知也夫！”（《论语·宪问》）

（4）我王者也乎哉？（《国语·晋语六》）

例（1）“也已”连用，“也”字表示肯定，“已”相当于“矣”，表示情况发生了变化。例（2）“也与”连用，“也”表示判断肯定，“与”表示疑问。例（3）“也夫”连用，“也”表示肯定，“夫”表示感叹。例（4）“也乎哉”连用，分别表示肯定、疑问、感叹的语气。

古代汉语句末语气词连用较为广泛，陈述、疑问、感叹等不同语气词可以搭配使用，形成“矣夫”“矣乎”“已乎”“乎哉”“焉耳矣”等连用现象，表达多种语气。例如：

（5）有能一日用其力于仁矣乎？（《论语·里仁》）

（6）若寡人者，可以保民乎哉？（《孟子·梁惠王上》）

（7）寡人之于国也，尽心焉耳矣。（《孟子·梁惠王上》）

需要注意的是，语气词连用虽然表达不同的语气，但句子语气的重点一般落在最后一个语气词上。

68. 古代汉语语气词都位于句末吗？

答：语气词不一定都位于句末，古代汉语中有个别语气词处于句首或句中，也起到表示语气的作用，常见的有“夫”“唯”等。

一、语气词“夫”

语气词“夫”位于句末，常表示感叹语气，如：“子在川上曰：‘逝者如斯夫！不舍昼夜。’”（《论语·子罕》）另外，它也可以处于句首，表示下文将要发表议论，前人也称之为“句首发语词”，现代汉语没有对应的词，翻译时不译。例如：

（1）夫如是，故远人不服，则修文德以来之。既来之，则安之。（《论语·季氏》）

（2）尧以不得舜为己忧，舜以不得禹、皋陶为己忧。夫以百亩之不易为己忧者，农夫也。（《孟子·滕文公上》）

（3）夫得言不可以不察，数传而白为黑，黑为白。（《吕氏春秋·察传》）

二、语气词“惟（唯、维）”

作为语气词，“惟”字常常用在句子开头，引出主语或强调时间。例如：

（4）衮职有阙，惟仲山甫补之。（《左传·宣公二年》）

（5）惟十有三年春，大会于孟津。（《尚书·泰誓上》）

“唯”字用作句首语气词，表示希望、请求。例如：

（6）阙秦以利晋，唯君图之。（《左传·僖公三十年》）

（7）唯荆卿留意焉。（《战国策·燕策三》）

“惟（唯、维）”又可以用于句中，帮助加强判断。例如：

（8）黍稷非馨，明德惟馨。（《左传·僖公五年》）

（9）晋楚唯天所授，保患焉！（《左传·成公十六年》）

（10）髧彼两髦，实维我仪。（《诗经·墉风·柏舟》）

69. 古代汉语中表示语气的“其”是语气词还是语气副词？

答：王力主编的《古代汉语》教材将这类“其”处理为语气词。教材中说：“语气词‘其’字用于句首或句中，表示委婉的语气。在陈述句或疑问句里，它表示‘大概’‘恐怕’等意思；在祈使句里，它就简单地表示委婉的语气，略等于现代汉语句末语气词“吧”字或“啊”字所表示的委婉语气。”[1] 例如：

（1）吾其被发左衽矣！（《论语·宪问》）

（2）王送知罃，曰：“子其怨我乎？”（《左传·成公三年》）

（3）其谁曰不然？（《左传·隐公元年》）

（4）一之谓甚，其可再乎？（《左传·僖公五年》）

（5）君其问诸水滨。（《左传·僖公四年》）

（6）吾子其无废先君之功！（《左传·隐公三年》）

不过，现代学者一般视这类“其”为语气副词，可以表达推测、反问、祈使等语气。以上例句中，例（1）和例（2）表示推测语气，例（3）和例（4）表示反问语气，例（5）和例（6）表示祈使语气。

70. 词头“有”有哪些用法？

答：词头、词尾不是独立的词，它们只是构词语素，其本身没有词汇意义，现代汉语语法学一般称之为词缀，词头相当于前缀，词尾相当于后缀。

词头“有”在上古汉语中使用频率相对较高。首先，它可以用于朝代名、国名、部族名等专名前。例如：

（1）我不可不监于有夏，亦不可不监于有殷。（《尚书·召诰》）

① 王力，《古代汉语》（第二册），中华书局，2018，461页。

（2）上及有虞，下及五伯。（《庄子·大宗师》）

（3）鲧纳有莘氏女，生禹。（《史记·夏本纪》）

例（1）“有夏”即“夏”，指夏朝；“有殷”即“殷”，指殷朝。例（2）的“有虞”是部族名，例（3）的“有莘”是国名，“有”字也都是词头。

其次，词头“有”又用于某些普通名词的前面。例如：

（4）孝乎惟孝，友于兄弟，施于有政。（《论语·为政》）

（5）射夫既同，献尔发功。发彼有的，以祈尔爵。（《诗经·小雅·宾之初筵》）

例（4）“政”指政事，全句意思是：孝就是孝敬父母，友爱兄弟，把这孝悌的道理施于政事。例（5）“的”指箭靶、靶心，“发彼有的，以祈尔爵”意思是开弓放箭射中靶心，为的是罚你饮酒使我快乐。

再次，“有”字还可以用于形容词的前面。例如：

（6）不我以归，忧心有忡。（《诗经·邶风·击鼓》）

（7）有严有翼，共武之服。（《诗经·小雅·六月》）

例（6）“有忡”，等于忡忡，形容心中不宁的样子。例（7）“严”，威严；“翼”，整齐；“有严有翼”指威严整齐的样子。

71. 古代汉语中常见的动词词头有哪些？

答：上古汉语常见的动词词头有“于”“其”“言”“薄”等，多见于《诗经》。例如：

（1）之子于归，宜其室家。（《诗经·周南·桃夭》）

（2）王于兴师，修我戈矛，与子同仇。（《诗经·秦风·无衣》）

（3）八月其获，十月陨萚。（《诗经·豳风·七月》）

（4）既见君子，云何其忧？（《诗经·唐风·扬之水》）

（5）言告师氏，言告言归。（《诗经·周南·葛覃》）

（6）陟彼南山，言采其蕨。（《诗经·召南·草虫》）

（7）薄污我私，薄澣我衣。（《诗经·周南·葛覃》）

（8）薄伐猃狁，至于太原。（《诗经·小雅·六月》）

以上这些词头都位于动词前，只是凑足音节，没有实义，不译。

72. 古代汉语中常见的词尾有哪些？

答：古代汉语常见的词尾有“然”“乎”“焉”“尔”“如”等，一般位于形容词、副词、动词等后面，构成一个形容词性质的结构，表示“……的样子”。例如：

（1）辛垣衍怏然不悦。（《战国策·赵策三》）

（2）填然鼓之。（《孟子·梁惠王上》）

（3）焕乎其有文章。（《论语·泰伯》）

（4）皜皜乎不可尚已！（《孟子·滕文公上》）

（5）睠然顾之，潸焉出涕。（《诗经·小雅·大东》）

（6）我心忧伤，惄焉如捣。（《诗经·小雅·小弁》）

（7）子路率尔而对。（《论语·先进》）

（8）夫子莞尔而笑。（《论语·阳货》）

（9）孔子于乡党，恂恂如也，似不能言者。（《论语·乡党》）

（10）孔子三月无君，则皇皇如也。（《孟子·滕文公下》）

以上例句中，“快然”是不高兴的样子，“填然”是鼓声响起的样子，“焕乎”是光明鲜亮的样子，“皜皜乎”是光明洁白的样子，“潸焉”是流泪的样子，“惄焉”是忧伤的样子，“率尔”是轻率的样子，“莞尔”是微笑的样子，“恂恂如”是温和恭顺的样子，“皇皇如”是惶恐不安的样子。

73. 如何理解古代汉语中的“何以……为”结构？

答：“何以……为”中间插入一个简单或复杂的成分，作介词“以”的宾语。这是一个表示反问语气的固定结构，可以翻译成“要（用）……干什么”或“哪里用得着”。例如：

（1）君子质而已矣，何以文为？（《论语·颜渊》）

（2）是社稷之臣也，何以伐为？（《论语·季氏》）

例（1）“何以文为”意思是要文采做什么，例（2）“何以伐为”意思是讨伐它干什么。

“何以……为”结构中的疑问代词“何”也可以用“奚”“安”“恶”等疑问代词来替换，“以”可以用“用”来替换。例如：

（3）奚以之九万里而南为？（《庄子·逍遥游》）

（4）恶用是鶂鶂者为哉？（《孟子·滕文公下》）

（5）世方乱，安用富为？（《三国志·魏书·温恢传》）

另外，介词“以”字可以省略，“何以……为”可以省说成“何……为”。例如：

（6）项王笑曰：“天之亡我，我何渡为？”（《史记·项羽本纪》）

（7）汤为天子大臣，被恶言而死，何厚葬为？（《汉书·张汤传》）

74. 如何理解古代汉语中的“如之何”结构？

答：“如之何”来源于“如……何”。“如……何”结构插入其中的是名词性的成分，意思是“对……怎么样”。例如：

（1）今夕何夕，见此良人。子兮子兮，如此良人何？（《诗经·唐风·绸缪》）

“如……何”结构中插入“之”字，并且凝固化，就形成了“如之何”结构。作为一个固定结构，“如之何”的意思是“拿它（他）怎么办（样）”，“之”字原来有具体的指代对象。例如：

（2）子欲居九夷。或曰：“陋，如之何！”子曰：“君子居之，何陋之有？”（《论语·子罕》）

（3）哀公问于有若曰：“年饥，用不足，如之何？”有若对曰：“盍彻乎？”（《论语·颜渊》）

（4）孟子谓齐宣王曰：“王之臣有托其妻子于其友，而之楚游者。比其反也，则冻馁其妻子，则如之何？”王曰：“弃之。”（《孟子·梁惠王下》）

例（2）“之”字指“陋”，例（3）指“年饥，用不足”的现实，例（4）指“其友”。

由于“如之何”使用频率较高，越来越凝固，其中的“之”字慢慢不再具有称代功能，只是一个虚化的成分，整个格式基本上与“如何”相同，用来询问原因或办法，表示“为什么”或“怎么样”的意思。例如：

（5）长幼之节，不可废也；君臣之义，如之何其废之？（《论语·微子》）

（6）我之大贤与，于人何所不容？我之不贤与，人将拒我，如之何其拒人也？（《论语·子张》）

跟“如之何”功能意义接近的还有“若之何”和“奈之何”，它们也经历了类似的固化过程，这里不再详述。

75. 古代汉语中“无乃……乎”和“得无……乎”的表达有什么共同点？

答：“无乃……乎”和“得无……乎”都是古代汉语常见的固定表达，“无乃”和“得无”都是副词性结构，跟疑问语气词“乎”搭配呼应，构成一种揣度性的问句，语气较为委婉。一般是说话人对某事已经有了肯定的看法，只是用这种委婉的说法表达出来。

“无乃……乎”的意思是“不就是……吗”，也可以理解为“恐怕……吧”。例如：

（1）居简而行简，无乃大简乎？（《论语·雍也》）

（2）师劳力竭，远主备之，无乃不可乎？（《左传·僖

公三十二年》)

(3)以百金之地，赎一胥靡，无乃不可乎?(《战国策·宋卫策》)

(4)列御寇，盖有道之士也，居君之国而穷，君无乃为不好士乎?(《吕氏春秋·观世》)

“得无……乎”的意思是“该不会……吧”，也可以理解为“恐怕……吧”。例如：

(5)日食饮得无衰乎?(《战国策·赵策四》)

(6)渔父杖拏逆立，而夫子曲要磬折，言拜而应，得无太甚乎?(《庄子·渔夫》)

(7)夫少正卯，鲁之闻人也，夫子为政而始诛之，得无失乎?(《荀子·宥坐》)

(8)今秦，虎狼之国也，而君欲往，如有不得还，君得无为土偶人所笑乎?(《史记·孟尝君列传》)

76. 古代“小学”为什么没有语法学?

答：古代的语言文字之学被古人称为“小学”，包括文字学、音韵学、训诂学。“小学”是与“经学”相对的，是为解经服务的，所以被称为“小”。在语言文字领域，以研究汉字为中心形成了文字学，以研究古音为中心形成了音韵学，以研究词汇词义为中心形成了训诂学。但是语法方面在较长的时间里一直没有形成一门独立的学科，直到1898年，清人马建忠参考西方人语法，以文言文为对象，撰写了第一部语法学专著《马氏文通》，这才标志着我国语法学的创立。

在古代虽然没有形成专门的语法学，但并不表示古人不讲语法，古人的论著中也有一些关于语法的论述，只是较为零散，不成体系。比如汉魏人在注释古书过程中，用“辞”“词”“语助”“语词”“声”“发声”等指出虚词，唐宋人在注释过程中分析语序变异与词类活用，这些涉及语法方面的分析多散见于训诂材料中。而元明以后，已经有了一些关于虚词研究的专书，比如元代卢以纬著有《语助》，清人刘淇著有《助字辨略》，清人王引之著有《经传释词》等，都是研究虚词的专著。

参考文献

[1] 王力. 古代汉语（校订重排本）[M]. 北京：中华书局，2018.
[2] 王宁. 古代汉语 [M]. 北京：高等教育出版社，2012.
[3] 吴春生，马贝加. “名而动”结构补说 [J]. 中国语文，2014（2）.
[4] 张赪. 汉语介词词组词序的历史演变 [M]. 北京：北京语言文化大学出版社，2002.

文化常识

1. 古代天文中的“七曜”包括什么？

答：“七曜”，是日、月和金、木、水、火、土五星的合称，古人根据观测认为，太阳、月亮同五大行星都在天空中运动，不同于其他恒星，于是将之相提并论，称“七曜”，具体是日（太阳）、月（太阴）与金（太白）、木（岁星）、水（辰星）、火（荧惑）、土（填星、镇星）五大行星。晋范宁《春秋·穀梁传序》：“阴阳为之愆度，七曜为之盈缩。”杨士勋疏为：“谓之七曜者，日月五星皆照天下，故谓之曜。”《晋书·天文志》：“然则三皇迈德，七曜顺轨，日月无薄蚀之变，星辰靡错乱之妖。”

“七曜”又称“七政”，《尚书·舜典》有：“在璇玑玉衡，以齐七政。”孔颖达疏：“七政，其政有七，于玑衡察之，必在天者，知七政谓日月与五星也。木曰岁星，火曰荧惑星，土曰镇星，金曰太白星，水曰辰星。《易·系辞》云：天垂象，见（现）吉凶，圣人象之。此日月五星，有吉凶之象，因其变动为占，七者各自异政，故为七政。”此外，“七曜”还称“七纬”，北齐刘昼的《新论·思顺》有：“七纬顺度，以光天象。”

“七曜”中除人们熟知的日月之外，其他五星即金木水火土这五个古人实际观测到的行星，它们在天空中运行的轨迹类似纬线，所以又合称“五纬”“五星”，《史记·天官书》中记载：“天有五星，地有五行。”五星也称作“五曜”。金星是金曜，早上出现在东方，叫启明星，黄昏出现在西方，叫长庚，《诗经·小雅·大东》中有“东有启明，西有长庚”；金星亮度非常高，在古代又叫“明星”，《诗经·郑风·女曰鸡鸣》中就有“子兴视夜，明星有烂”，《诗经·陈风·东门之杨》中提到“昏以为期，明星煌煌”，金星还叫太白星或者太白金星，《史记·天官书》：“察日行以处位太白。”木星即木曜，也叫岁星，古人认为它十二年绕天一周，每年行经一个特定的星空区域，由此以它纪年。水星即水曜，又叫辰星，如唐高适《宋中别司功叔，各赋一物得商丘》：“地与辰星在，城将大路迁。”火星即火曜，古名荧惑，《史记·天官书》所说的火就是指火星（荧惑），《诗经》“七月流火”指的就是农历七月天气转凉，傍晚可以看见火星从西方落下去。土星即土曜，古名镇星，也写作填星，《史记·天官书》：“太岁在甲寅，镇星在东壁。”

“七曜”反映了中国古代人在天象认识上的成就以及当时的时代局限，在历法和诗文中都有比较重要的地位。

2. 什么是“三垣”？

答：“三垣”是古代对星空的分区，即紫微垣、太微垣、天市垣。三垣各有东、西两藩的星，形如墙垣，故曰为“垣”。每垣都是一个比较大的天区，内含若干（小）星官（或称为星座），《史记·天官书》中有和这三垣相当的星官，其名称和星数则有所不同。

“三垣”之称是逐渐形成的，紫微垣和天市垣的名称先出现于《开元占经》辑录的《石氏星经》中，太微垣到唐初的《玄象诗》中才出现。它们源于远古时期中国人民对星辰的自然崇拜，是古代中国神话和天文学结合的产物。

紫微垣出现于古代黄河流域常见的北天上空，在北天中央位置，故称中宫，以北极为中枢，分为左垣与右垣两列，东、西两藩共十五颗星，两弓相合，环抱成垣。《宋史·天文志二》:“紫微垣东蕃八星，西蕃七星，在北斗北，左右环列，翊卫之象也。一曰大帝之坐，天子之常居也，主命、主度也。”紫微垣是传说中天帝居住的地方，是天帝内院，除了天帝外，皇后、太子、宫女都在这儿居住。

天市垣位居紫微垣之下的东南方向，约占天空的57度范围，包含19个星官（座），正星87颗，增星173颗。《晋书·天文志》中云:“天子率诸侯幸都市也。”天市垣的天区大致相当于现今国际通用的小熊、大熊、天龙、猎犬、牧夫、武仙、仙王、仙后、英仙、鹿豹等星座。天市垣是天上的市集，是平民百姓居住的地方，象征繁华街市。

太微垣位于紫微垣之下的东北方，北斗之南。约占天区63度范围，以五帝座为中枢，共含20个星座，正星78颗，增星100颗。太微即政府的意思，星名也多用官名命名，例如左执法即廷尉，右执法即御史大夫等。

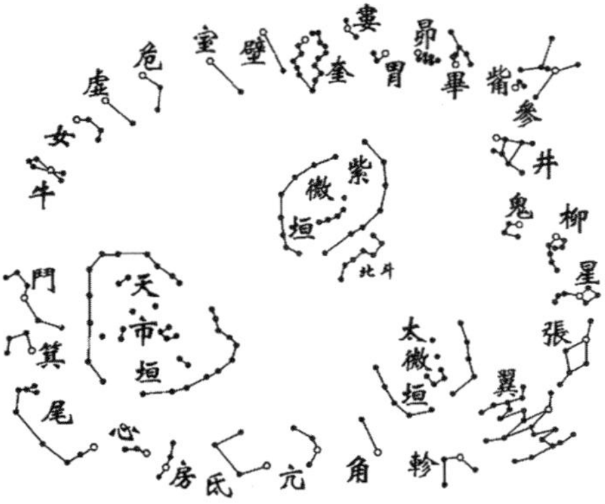

三垣

3. 古代天文中的“十二次”指的是什么？

答：“次”是舍和止之意，“星次”即星所居处，指行星经过星空时所居之处。

古人为了说明日月五星的运行和节气的变换，按照由西向东的方向将黄道附近一周天分为十二个等分，叫作十二次，依次命名为星纪、玄枵、娵訾、降娄、大梁、实沈、鹑首、鹑火、鹑尾、寿星、大火、析木。每次都有二十八宿中的某些星宿作为标志，其划分原是基于二十八宿的四宫，每宫各分三次，但二十八宿的广狭幅度不一，所以十二次各次的起讫界限和宿之间的分界并不一致，有些宿是跨属于相邻的两个次的，后来就以赤道度数来等分。《汉书·律历志》中记有十二次的起讫度数，它们和二十四节气相对应，以十二节气为各次的起点，十二中气为各次的中点。

十二次的创立一是用来指示一年四季太阳所在的位置，以说明节气的变换；二是用来说明岁星（木星）每年运行所到的位置，因为古代木星的恒星周期定为十二年，并以此来纪年。

十二次与节气、星宿有着对应之处：

星纪——对应节气：大雪、冬至，对应星宿：斗、牛；

玄枵——对应节气：小寒、大寒，对应星宿：女、虚、危；

娵訾——对应节气：立春、雨水，对应星宿：室、壁；

降娄——对应节气：惊蛰、春分，对应星宿：奎、娄；

大梁——对应节气：清明、谷雨，对应星宿：胃、昴、毕；

实沈——对应节气：立夏、小满，对应星宿：觜、参；

鹑首——对应节气：芒种、夏至，对应星宿：井、鬼；

鹑火——对应节气：小暑、大暑，对应星宿：柳、星、张；

鹑尾——对应节气：立秋、处暑，对应星宿：翼、轸；

寿星——对应节气：白露、秋分，对应星宿：角、亢；

大火——对应节气：寒露、霜降，对应星宿：氐、房、心；

析木——对应节气：立冬、小雪，对应星宿：尾、箕。

天上的星次有十二次，与之对应，地上就有诸侯国的十二分野，《国语·晋语》中说："岁在大梁，将集天行，元年始受实沉之星也。实沉之墟，晋人是居，所以兴也。"

4. 古代天文学中的"分野"指什么？

答："分野"是指根据天上的星宿将地上相应地分成一定的州域，最早见于《左传》《国语》等书，其所反映的分野大体以十二星次为准，就天文学来说，被称为分星；就地理来说，则被称为分野。

《史记·天官书》说“天则有列宿，地则有州域”，如王勃《滕王阁序》“星分翼轸，地接衡庐”。或说某地是某某星宿的分野的，《国语·周语下》中说“岁之所在，则我有周之分野也”，再如《汉书·地理志》“齐地，虚危之分野也”，唐李端《送陆郎中归田司空幕》有“农桑连紫陌，分野入青州”之说。

将天界星区与地理区域相互对应，最初是为了配合占星理论进行天象占测，按占星术来说，地上的邦国和天上的星区是对应的，天界星区发生的天象预兆着对应地方的吉凶。《三国演义·第七回》：“蒯良谓刘表曰：‘某夜观天象，见一将星欲坠，以分野度之，当应在孙坚。’”

星宿的分野，一般按列国来分配，如《汉书·地理志》：“周地，柳、七星、张之分野也。今之河南洛阳、谷城、平阴、偃师、巩、缑氏，是其分也。”角亢氐三宿为星纪，对应于郑国，兖州；房心二宿为玄枵，对应于宋国，豫州；尾箕二宿为娵訾，对应于燕国。也有将星宿与州对应的，如角亢氐对应兖州，房心对应豫州，尾箕对应幽州。

星宿的分野还有与天干地支对应的，甲齐、乙东夷、丙楚、丁南夷、戊魏、己韩、庚秦、辛西夷、壬卫、癸越；十二地支即：子周、丑翟、寅楚、卯郑、辰晋、巳卫、午秦、未宋、申齐、酉鲁、戌赵、亥燕。

古人对于星宿分野的具体分配了然于心，古代作家在写到某个地区时很自然地会提到与该地区相配的星宿，庾信《哀江南赋》说“以鹑首而赐秦，天何为而此醉”，李白《蜀道难》说“扪参历井仰胁息”，就是在分野的意义上提到这些星宿的。了解这些，有利于我们了解中国古诗词中提到的地理方位。

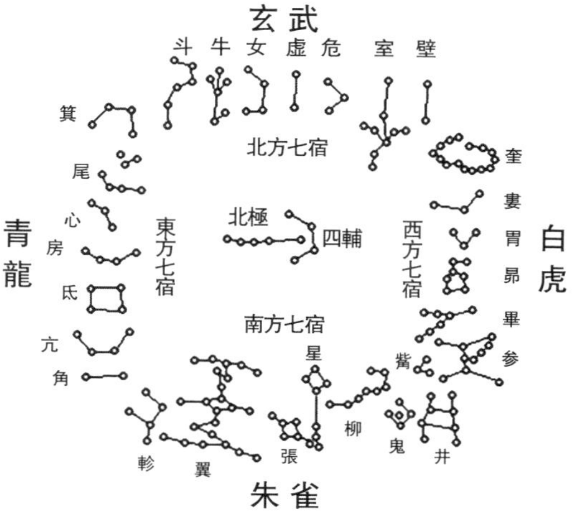

二十八星宿与分野对应图

5. 为什么《左传》说“闰”关乎“生民之道”？

答：“闰”是我国历法中的一个用语，通过“闰”能够解决阴历与太阳年之间的时间差的问题，以保持和公历（阳历）的回归年同步。掌握历法、不误农事对我们中国这一农业国来说至关重要。

我国古代的历法不是纯阴历，而是阴阳合历。根据月亮的盈亏变化定月，平年 12 个月。6 个大月 30 天，叫“大尽”；6 个小月各29天，叫“小尽”。全年354天，而太阳年有366天，这样每三年就相差一个月以上的时间，所以三年就要闰一个月，使历年的平均长度大约等于一个太阳年，并和自然季节大致调和配合。《尚书·尧典》载：“期三百有六旬有六日，以闰月定四时，成岁。”每逢闰年增加的一个月叫“闰月”，闰月加于某月之后叫“闰某月”。

古人很重视置闰，闰的次数合适才能使得阴阳合历。《左传·文公六年》说：“闰以正时，时以作事，事以厚生，生民之道，于是乎在矣。”三年闰一次还不够，五年要闰两次，所以《说文》说“五年再闰”，但五年闰两次则比太阳年要长，后来规定十九年共闰七个月。

适当安插闰月是古代历法工作中的重要课题。上古还有年中置闰，如闰三月、闰六月之类。

从现有文献看，闰的次数和具体时间都经历了一个发展过程。殷周时代已经置闰，闰月一般放在年终，称为“十三月”。当时置闰尚无定制，有时一年再闰，所以会有“十四月”。春秋时代就没有一年再闰的情况了。

与“闰”相应的，还有当闰而不闰，叫作“失闰”，如《文献通考》：“《传》曰，辰在申，再失闰。若是十二月，则为三失闰，故知经误。”

6. 为什么有些古籍将四时顺序说成“春秋冬夏”？

答：我国古人的“四时”概念是与农业生产实践息息相关

的。人们把五谷生长的一个周期称为“年”。《说文》:“年，谷熟也。”“谷熟”一次谓之一“年”。“年”是一个会意字，上面是“禾”，下面是“人”，表示禾谷成熟，人背着禾。《榖梁传·桓公三年》中说:“五谷皆熟为有年也。”《榖梁传·宣公十六年》称:“五谷大熟为大有年。”可见，“年”的本义是五谷成熟。

五谷成熟的周期为一“年”，可见，“年”的定义是以农作物的生长为标准的。也是以这个为标准，古人分出了“春”与“秋”，并且“春秋”常连用。春天把种子播撒到田里，就生长出禾苗来,《释名》中说:“春，蠢也。万物蠢然而生也。”这个季节就被称为“春”季。

到了秋天，五谷果实成熟,《释名》:“秋，就也，言万物就成也。又缯也，缯迫品物使时成也。”《说文》:“禾谷熟也。”人们把这个季节称为“秋”。

殷商之前，人们只注意到从“春种”到“秋收”这个周期，因此把一年分为“春”“秋”两季，并用“春秋”一词代表“年”，当时还没有“冬”“夏”二字。西周初年各国的编年史都称为“春秋”，当时“春秋”是所有史书的统称。在商代和西周前期，一年只分为春秋二季，所以后来称春秋就意味着一年。《庄子·逍遥游》“蟪蛄不知春秋”，意思是蟪蛄生命短促不到一年。

随着生产的发展，人们注意到“秋”到“春”之间还有比较长的寒冷的时节，因此又有了“冬”。《说文》的解释是:“冬，四时尽也。从仌从夂。夂，故终字。”即是说，“冬”是一年的终结，是有冰的时候。

同理，“夏”的甲骨文像一个赤着脚的人手持工具劳动，与四肢大张的人形的“大”字有相似之处，所以“夏”有“大”的意思，它被假借用来指春秋之间的季节，从播种到收割之间的时间称为“夏”，即“大”，因为发现这段时间农作物生长迅速，《月令七十二候集解》:“立夏，四月节。立字解见春。夏，假也。物至此时皆假大也。”

但是，由于人们已经习惯了“春秋”的说法，因此，“冬”和“夏”两字被置于“春秋”之后，所以有些古书所列的四时顺序不是“春夏秋冬”，而是“春秋冬夏”，这是值得注意的。如《墨子·天志中》说“制为四时春秋冬夏，以纪纲之”，《管子·幼官图》“修春秋冬夏之常祭”，《礼记·孔子闲居》“天有四时，春秋冬夏”，等等。

古代一年分为春夏秋冬四时（季），这些名称还被古人用作相应的月份的代称。后来又按夏历正月、二月、三月等十二个月依次分为孟春、仲春、季春，孟夏、仲夏、季夏，孟秋、仲秋、季秋，孟冬、仲冬、季冬。《楚辞·哀郢》“民离散而相失兮，方仲春而东迁”，就是指夏历二月说的，即是指的春季的第二个月。汉无名氏《古诗十九首》有“孟冬寒气至，北风何惨栗”。

了解这些最基本的季节时令，有助于理解中国古代典籍、诗歌等。

7. 什么是“二十四节气”？

答：二十四节气原是古人依据北斗七星斗柄旋转指向而确定的时间，上古人判断节气变化的依据是北斗七星所指的方法：“斗柄指东，天下皆春；斗柄指南，天下皆夏；斗柄指西，天下皆秋；斗柄指北，天下皆冬。”

北斗星斗柄指向确立的二十四节气，始于立春，终于大寒，以反映四季、气温、降雨、物候等方面的变化，周岁365日被平分为立春、雨水、惊蛰、春分、清明、谷雨等二十四个节气。最初每个节气占15.22日弱，后来根据太阳移动的速度，有的节气占14日多（冬至前后），有的节气占16日多（夏至前后）。

现行的“二十四节气”是依据太阳在回归黄道上的位置制定，即把太阳周年运动轨迹划分为24等份，每15°为1等份，每1等份为一个节气，始于立春，终于大寒。

二十四节气系统是我国旧历特有的重要组成部分，其名称和顺序是：

正月 立春雨水	二月 惊蛰春分	三月 清明谷雨
四月 立夏小满	五月 芒种夏至	六月 小暑大暑
七月 立秋处暑	八月 白露秋分	九月 寒露霜降
十月 立冬小雪	十一月 大雪冬至	十二月 小寒大寒

二十四节气和阴历月份的搭配不是绝对固定的，因为节气是跟着太阳走的，和朔望月没有关系。

古人最初把二十四节气细分为节气和中气两种。例如立春是正月节，雨水是正月中，惊蛰是二月节，春分是二月中，节气和中气相间，由此顺推。一个节气加一个中气差不多是三十天半，比一个朔望月长，所以每月的节气和中气要比上月推迟一两天。次数多了后，某月可能会只有节气而没有中气，这个月份就置闰以符合回归年，形成阴阳合历。

西汉汉武帝时期“二十四节气”被吸收入《太初历》，以黄河流域测的日影最长、白昼最短（日短至）的一天作为冬至日，以冬至日为“二十四节气”的起点，将两个冬至日之间均分 24 等份，每节气之间的时间相等，每个节气间隔时间 15 天，这样把冬至列为二十四节气首位，始于冬至，终于大雪。

现在的二十四节气是根据太阳在黄道上位置的不同规定的。古人认为太阳是绕地运行的，将黄道附近一周天平分为星纪、玄枵等十二次，太阳运行到某次就是某某节气，按当代认识，二十四个节气实际上是地球在围绕太阳公转的轨道上的二十四个不同的位置。

上古时代确立二十四节气依据的是“斗转星移”，现行确立二十四节气依据的是太阳黄经度数，这实际都是缘于地球绕太阳的公转，因此二十四节气在公历的日期是相对固定的，二者前后差距仅有 1—2 日。综合考虑，我们可以描述出每一节气的情况。

二十四节气既是我国古代劳动人民智慧的结晶，也是后来农事活动的重要参照，直到现在仍旧发挥着作用，因此，它被誉为“中国的第五大发明”。2016 年 11 月 30 日，二十四节气被正式列入联合国教科文组织人类非物质文化遗产代表作名录。

8. 鲍照诗“三五二八时”中的历法内容是什么？

答：鲍照诗中的“三五二八时”包括“三五”“二八”两个特定的纪日的名称，按月相纪日法，大月十六、小月十五叫作望，鲍照的“三五二八时”中，“三五”取的是三五为十五，而小月十五是“望”，“二八”是十六，而大月的十六也是“望”。因此，“三五二八时”是夏历十五日和夏历十六日月亮正圆时。

所谓月相，是天文学中于地球上看到的月球被太阳照明部分的称呼，月亮每天在星空中自东向西移动，人们能够看到的形状也在不断地变化着，这就是月亮位相的变化，叫作月相。根据月相的变化，人们给一月中的不同日子予特定的名字，这就是月相纪日法。按月亮的月相周期来安排的历法是阴历，俗称农历、殷历、古历、旧历，是中国传统上使用的夏历。

按月相纪日法，农历每月的第一天叫作朔，此时月球位于太阳和地球之间，因而在地球上看不见月亮，称为新月或朔；最后一天叫作晦，《庄子》中有“朝菌不知晦朔”；第三天叫作朏（fěi）。

“望”通常指农历每月十五日。《旧唐书·文苑传上·杨炯》中说：“如意元年七月望日，宫中出盂兰盆，分送佛寺。”与“望”相近的日子也相应有了称呼，如“十五”之后的“十六”即指既望，“既望”就是小月农历十六日，大月农历十七日，表示满月后的一天。

除月相纪日法之外，中国还有其他几种纪日法。一是序数纪日法，即以日子在该月的顺序纪日；一是干支纪日法，用干支相匹配的六十甲子来记录日序；一是干支月相兼用法，干支置前，月相列后。

9.《孔雀东南飞》中“奄奄黄昏后，寂寂人定初”体现了什么计时法？

答：“人定”是天色计时法中的一个时间段，即亥时，相当于北京时间的21—23点，又名定昏、夤夜等。人定指夜已很深，人们停止活动深度睡眠的时候，最早见于《后汉书·来歙传》：“臣夜人定后，为何人所贼伤，中臣要害。”唐代白居易有《人定》诗：“人定月胧明，香消枕簟清。”

天色计时法主要包括夜半、鸡鸣、平旦、日出、食时、隅中、日中、日昳、晡时、日入、黄昏、人定这些时间，每一时辰均有其相应的生活。这一计时法体现了古人根据天色对一昼夜时间的划分，反映了中国古人对于生活与作息规律的探讨。

以天色计时，可以清晰地表现出一天中的各个时间段，例如《李愬雪夜入蔡州》：“夜半雪愈急……愬至城下……鸡鸣，雪止……晡时，门坏。”其中就包括“夜半”“鸡鸣”“晡时”这几个递相发展的时间。

古人还以十二地支来表示一昼夜十二时辰的变化，以天色计时、地支计时与今序数时间有一定对应关系。

1、夜半，即子时，23—1点，又名子夜、中夜、夜分、宵分，是一夜的中分点，所以有半夜三更之说。

2、鸡鸣，丑时，1—3点，又名荒鸡。大致上鸡叫从三更开始直到五更，鸡叫第一遍约在三更（子时），鸡叫第二遍约在四更（丑时），鸡叫第三遍则在五更（寅时），这时快天亮了。

3、平旦，寅时，3—5点，又称平明、旦明等。这时太阳还没露出地平线。

4、日出，卯时，5—7点，又名破晓、日始等，指太阳才升出地平线之时。

5、食时，辰时，7—9点，又名朝食、蚤食等，即吃早饭时间。

6、隅中，巳时，9—11点，又名日禺、禺中等，指临近中午的时候。

7、日中，午时，11—13点，又名日午、中午等，这时太阳运行到中天。

8、日昳，未时，13—15点，又名日昃、日央等，这时太阳过了中天偏斜向西边。

9、晡时，申时，15—17点，又名日餔、日稷等，是古代汉族人民吃第二顿饭之时。

10、日入，酉时，17—19点，又名日落、傍晚等，是为太阳落山的时候。

11、黄昏，戌时，19—21点，又名日暮、日曛等，是太阳已经落山，天将黑未黑之时。

12、即人定之时。

天色计时法是古代诗文中常用的计时法，一定的时间段往往与一定的感情相联系，了解这一计时法对更深入地了解诗文内容和其所表达的情感有所帮助。

10.“子夜”对应现在的什么时间，它是什么计时法中的概念？

答：“子夜”是指子时（相当于现在北京时间 23 时至 1 时），是十二时辰的第一个时辰，是按时辰计时法划定的时间概念。

时辰计时法是以十二地支表示十二时辰，地支是中国古代天文学最核心的内容，是中国古代天文学最重要的符号。十二地支是：子、丑、寅、卯、辰、巳、午、未、申、酉、戌、亥的总称，传统用来表示次序的符号，也叫“十二支”。用十二地支表示十二个时辰，每个时辰恰好等于现代的两小时，和现代的时间对照，夜半十二点（即二十四点）是子时（所以说子夜）。

根据阴阳学说，十二地支分为阴支和阳支，其中阳支包括子、寅、辰、午、申、戌，阴支包括丑、卯、巳、未、酉、亥，每一地支各有其含义，象征着万物生长的过程。

子是兹的意思，指万物兹萌于既动之阳气下；丑是纽，阳气在上但未降；寅是移，引的意思，指万物始生寅然也；卯是茂，即万物茂盛；辰是震的意思，指物经震动而长；巳是起，指阳气旺盛；午是仵的意思，指万物盛大枝柯密布；未是味，万物都在成长，有滋味；申是身的意思，指万物的身体都已成就；酉是老的意思，指万物老去；戌是灭的意思，指万物尽灭；亥是核的意思，指万物收藏。

以十二地支表示时间，与其他时间有一定的对应（参见前文所述第 9 题）。

11. 古人的“月建”观念包含什么内容？

答：“月建”又称月令，简称节，是古人干支纪月的一种方法，指用干支记录月序。

干支纪月由十二辰纪月发展而来，干用于纪日，支用于纪月，月建是日月相会时的辰位。日月相会日就会逐步发生在十二刻度中，以此确定月建。

春秋战国时期，天文学有了进一步的发展，有了十二辰纪月，人们将地面分成十二个方位，分别以十二地支表示：正北为子，东北为丑、寅，正东为卯等等。古人发现可以用斗柄的指示来确定辰位，于是在日月相会日（朔日）观察斗柄指的辰位来确定月建。

“建”代表北斗星斗柄顶端的指向，以北斗星斗柄所指的方位作为确定月份的标准，因此称为“斗建”；北斗星斗柄绕东、南、西、北旋转一圈谓之一岁（摄提），斗柄旋转而依次指向“十二辰”，称为“十二月建”。十一月斗柄指北，所以为建子之月，以后斗柄每月移指一个方位，十二个月周而复始。

根据日月之会日的斗柄所指确定月份的话，北斗斗柄指辰位为“子”位，为建子月，斗柄所指“寅”，为建寅月。依此类推，斗柄所指十二辰中的那一支，就是建该支月，称为“月建”，十二月建即：一月建寅，二月建卯，三月建辰，四月建巳，五月建午，六月建未，七月建申，八月建酉，九月建戌，十月建亥，十一月建子，十二月建丑。十二月建亦即是十二个节气月。

月建是古代的历法常识，在古代，了解月建对判断占事至关重要。

12.《国语》中的“岁在大火”用的是什么纪年法？

答：“岁在大火”用的是岁星纪年法，是东周至汉朝使用的纪年方法，即根据岁星运行到的星次范围表达该年。

“岁”又名为“摄提”“太岁”，后世将这一术语简化为一个字。以六十甲子（干支纪年法）为运转周期，一周天被分为十二等分，由西向东命名为星纪、玄枵、娵訾、降娄、大梁、实沈、鹑首、鹑火、鹑尾、寿星、大火、析木等十二次。古人认为岁星由西向东十二年绕天一周，每年行经一个星次，“岁在大火”即是指岁星在“大火”星次范围内。

岁星运行到星纪范围就是“岁在星纪”，第二年岁星运行到玄枵范围，就记为“岁在玄枵”。

13. 什么是“摄提格”？

答：“太岁在寅曰摄提格”，即太岁星所在的星纪是“摄提格”，是以“太岁”所在的位置来纪年。

人们开始用岁星纪年法，但岁星由西向东运行，和人们熟悉的十二辰的方向和顺序正好相反，所以岁星纪年法在实际生活中应用起来并不方便。为此，古代天文占星家便设想出一个假岁星，《汉书·天文志》称之为太岁，《史记·天官书》称之为岁阴，《淮南子·天文训》称之为太阴。它和真岁星的运行方向是相反的，但和十二辰的方向顺序相一致，以这个“太岁”星所在的位置来纪年。

根据《汉书·天文志》所载战国时代的天象纪录，某年岁星在星纪，这时相对应的“太岁”星便在析木（寅），这一年就是“太岁在寅”；第二年岁星运行到玄枵，太岁便运行到大火（卯），这一年就是“太岁在卯”，其余由此类推。

《尔雅·释天》“太岁在甲曰阏逢，在乙曰旃蒙……太阳在寅曰摄提格”，说明当时太岁在寅。屈原《离骚》“摄提贞于孟陬兮，惟庚寅吾以降”，这里的“太岁在寅”是反映当时岁星所在的相应的方位的。人们可以把《离骚》里的摄提（格）翻译为寅年，但这并非后世干支纪年法里的寅年，干支纪年法里的子丑寅卯只是一套抽象的次序符号，和太岁所在、岁星所在没有关系。

太岁年名和太岁所在、岁星所在有一定的对应关系，如“摄提格”是太岁年名，太岁所在为“寅”，岁星所在为“星纪”；太岁年名“单阏”，太岁所在为“卯”，岁星所在为“玄枵”。

14.“秋阳以暴之”反映的历法原理是什么？

答：“秋阳以暴之”的秋阳是指夏历五六月的炎日，其后的历法原理是夏历。夏历法来源于夏朝的《夏小正》，先秦古籍中提到的“夏时”，就是夏历法，夏历法是根据尧舜时代“观象授时”的原则，在观察天象的基础上形成的。

古人根据北斗七星斗柄旋转的规律，确定一年 12 个月，以月球绕行地球一周为一月。夏历以朔望月作为确定历月的基础，一个月叫作“朔望月”，初一为朔日，十五为望日，“朔望月”是月相盈亏的平均周期。

春秋战国时代不同地区所使用的历日制度不同，夏历是其中之一，和周历、殷历并称为“三正”。“三正”最主要的区别在于岁首的不同，周历以通常冬至所在的建子之月（即夏历的十一月）为岁首，殷历以建丑之月（即夏历的十二月）为岁首，夏历以建寅之月（即后世常说的阴历正月）为岁首。如此可见，周历最早，它比殷历早一月，比夏历早两个月。由于三正岁首的月建不同，四季也不同。

因为历法不同，同一事件在《春秋》和《左传》里记载的时间有所不同，甚至同在《左传》所记之事时间也有不同。如《春秋·隐公六年》说“冬，宋人取长葛”，《左传》记载为“秋，宋人取长葛”，二者差异即出于此。《春秋·僖公五年》说“春，晋侯杀其世子申生”，《左传》记此事于僖公四年十二月，也是因为《左传》所依据的史料有的是用夏历。

夏历对后代的影响挺大，如《淮南子·时则训》所记天象、物候多来自于《夏小正》，汉朝崔寔的《四民月令》，也在一定程度上承袭了《夏小正》。

夏历按月记录了时令物候，对指导农业生产活动极为重要。而且，夏历是以月相变化为依据，故可反映潮汐，对古时海事活动有指导作用，远洋航海、海上捕鱼、海水养殖，海洋工程及沿岸各类生产活动等都受潮汐的影响。

15.“人日”是什么节日？

答：“人日”指正月初七日。《魏书》记载晋代董勋《答问礼俗》说：“正月一日为鸡，二日为狗，三日为猪，四日为羊，五日为牛，六日为马，七日为人。”

在中国传说中，女娲是第七天造出人来，故初七为人的生日，这一节日反映了中国的创世观。宋高承《纪原·天生地植·人日》：“东方朔《占书》曰：岁正月一日占鸡，二日占狗，三日占猪，四日占羊，五日占牛，六日占马，七日占人，八日占谷。皆晴明温和，为蕃息安泰之候，阴寒惨烈，为疾病衰耗。”

人日被当成人被造出的日子，已经有两千多年的历史，人们以人日这天的天气阴晴占卜终年的吉灾，日晴为吉，日阴为灾，汉时东方朔的《占书》中就有“初七人日，从旦至暮，月色晴朗，夜见星辰，人民安，君臣和会”的说法。

汉、魏以后，人日的活动从单一的占卜发展成为包括庆祝、祭祀等活动内容的节日。《太平御览》卷三十引南朝梁宗懔《荆楚岁时记》：“正月七日为人日。以七种菜为羹，剪彩为人或镂金箔为人，以贴屏风，亦戴之头鬓。又造华胜以相遗，登高赋诗。”指人们在正月初七这天将七种菜合煮成食物以祛病避邪，用五彩丝绢或金箔剪成人的形象贴在屏风上或戴在头鬓，作装饰以避邪，或剪纸花互相馈赠。

中国不少地区有庆祝人日节的传统，民俗因地区而不同，有的地方吃面条，取健康长寿之意；有的地方吃用芹菜（勤快）、大蒜（划算）、葱（聪明）、韭菜（耐久）、鱼（有余）、肉（取富足之意）、米果（取团圆之意）等做成的“七宝羹”，借七种菜的谐音或寓意，祝福新的一年里丰衣足食，家庭美满幸福。

16. 王驾诗中“桑柘影斜春社散，家家扶得醉人归”反映了什么节日风俗？

答：这两句诗反映了春社节日的场景。“社”在古代指司土地之神，上古时期，人们认为万物有灵，土地也是如此，人们将土地人格化，于是就诞生了“社神”，包括“社树”。如包山楚墓中的两枚简文就记载了“社”：“举祷蚀太一全豢，举祷社一全昔（从豕），举祷宫、行一白犬。”“春神”是祭祀土地神的节日。

“春社”是汉族最为古老的传统民俗节日之一，本是男女幽会的节日，《周礼·地宫·媒氏》中记载：“仲春之月，令会男女：于是时也，奔者不禁，若无故而不用令者，罚之。司男妇之无夫家者而会之。”后来则成为祭祀土地神的节日。春社祈谷，祈求社神赐福、五谷丰登。

先秦时期春社无固定，其日期由占卜确定，汉、晋时仍未完全固定，三国和晋朝也有各自的春社日。后来春社日的日期开始固定在立春后的第五个戊日，约在春分前后。但在汉族民间也有二月初二、二月初八、二月十二、二月十五之说。元朝之前，春社在中国一直都是一个非常重要的传统节日。

根据主祭方的不同，春社又有官社、民社之分。官社的祭祀为国家祀典，在社稷坛举行，根据主办方级别的不同，可以分为“大社”（王为群姓立社）、“国社”（诸侯为百姓立社）、“侯社”（诸侯自立社）、“置社”（大夫以下成群立社）。官方置社开始渐渐演变成由民间自由组织的“里社”，里社通常被称为民社，俗称“土地公公生日”。不管民间还是官方，都会祭社神祈求丰年，有饮酒、分肉、赛会等习俗。官社庄重肃穆，礼仪繁缛，民社则充满生活气息，成为邻里娱乐聚宣的日子，同时有各种娱乐活动，有敲社鼓、食社饭、饮社酒、观社戏等诸多习俗。

春社一般与“秋社”合称为“社日”，历来有“春祈秋报”的说法，现今各地遍存的土地庙即是社日祭社时的遗存。

明　张翀《春社图》

17. “一百五”是哪个节日的代称？

答：古代的“一百五”与“寒食节”一致，关于“寒食节”，《荆楚岁时记》中记载：“去冬节一百五日，即有疾风甚雨，谓之寒食。禁火三日，造饧大麦粥。据历合在清明前二日，亦有去冬至一百六日者。”

寒食节的源头，应为远古时期人类的火崇拜。古人认为万物有灵，便认为火也有神灵，要祀火，各家所祀之火每年要熄一次再重新燃起新火，称为改火。改火时，要举行隆重的祭祖活动，相沿成俗，便形成了后来的禁火节。《周礼·秋官·司烜氏》云：“仲春，以木铎修火禁于国中。”禁火期间不能生火，要预先准备好食物以备禁火期间食用，这种食物即所谓“寒食”。

后来禁火节转化为寒食节，寒食节据说起源于纪念介子推，晋国贵族介子推跟随晋公子重耳逃亡十余年，曾割下大腿上的肉给重耳吃。重耳还国为君后，大封群臣，但忘了介子推，介子推携母亲到绵山隐居，晋文公派人寻找，为让介子推出来便放火烧山。但介子推仍不出，后和母亲皆被烧死。文公命将绵山改为介山，把阳县改为介休县（今为介休市），以此纪念介子推。寒食节的活动主要有扫墓、踏青等，还有秋千、蹴鞠等风俗，寒食节前后绵延两千余年，曾被称为民间第一大祭日。

大致到了唐代，寒食节与清明节合而为一。《唐会要·卷八十二·休假》明确记载：“寒食清明，四日为假……寒食通清明，休假五日。”宋代吕原明在《岁时杂记》中记载：“清明前二日为寒食节。前后各三日，放假七日。”可见清明还不是独立的节日。

清明节也被称为百五节，一般固定在清明前一日，之所以定为一百零五天，与古代历法有关。以前老百姓能记得清楚的节日是“冬至”，于是以这个日子为参照，来确定了介子推焚死之日，而这一天是冬至后的第 105 天，清明节前一二日，所以“寒食节”又叫“百五节”，一百五又简称“百五”，如陆游《小舟游西泾度西冈而归》:“小雨重三后，余寒百五前。”

18. 杜甫《丽人行》“三月三日天气新，长安水边多丽人”反映了哪个节日的风俗?

答:“三月三”是古代的三月初三，即三月上旬的一个巳日，所以叫上巳，又有三巳、元巳之别称。

上巳节可推到追念伏羲氏，伏羲和其妹女娲抟土造人，豫东一带尊称伏羲为“人祖爷”，在淮阳（伏羲建都地）建起太昊陵古庙，由农历二月二到三月三为太昊陵庙会，人们到此朝拜。《周礼·春官·女巫》:“女巫掌岁时祓除衅浴。”古人在举行重大祭神仪式前，须先期进行斋戒，而兰草是香草，被认为有辟邪作用，故以兰汤沐浴，后来发展出相关的庆祝活动,《后汉书·周举传》:“六年三月上巳日,（梁）商大会宾客，宴于洛水。”

也有人认为，上巳节是为纪念黄帝而设立的。相传三月三是黄帝的诞辰，中国自古有“二月二，龙抬头。三月三，生轩辕”的说法。道教中三月三是西王母蟠桃会之日和道教真武大帝的寿诞，故这天也有相应的庆祝活动。

上巳节在春秋时期就已流行，《论语》中说：“暮春者，春服既成，冠者五六人，童子六七人，浴乎沂，风乎舞雩，咏而归。”大约写的就是当时的情形。

“上巳”在汉代定为节日。《后汉书·礼仪志上》记载：“是月上巳，官民皆絜于东流水上，曰洗濯祓除，去宿垢疢，为大絜。”

魏晋时代，“上巳节”除了要祓禊之外，还演变为皇室贵族、公卿大臣、文人雅士们临水宴饮的日子，这成为“上巳节”另一项重要习俗“曲水流觞”，是文人墨客诗酒唱酬的一种雅事。

曹魏以后，把节日固定为三月三日，后来变成了水边饮宴、郊外游春的节日。杜甫《丽人行》“三月三日天气新，长安水边多丽人”描述的就是这一场景。唐以后，“上巳节”的习俗逐渐淡出。

19. 中元节有什么来历？

答：“中元”节在农历七月十五日，也是民间所指的鬼节，又称亡人节、七月半，与清明节、寒衣节并称为三大鬼节。

中元节本在民间的七月十四，是祭祖节。在《易经》中，“七”是一个变化的数字，是复生之数。《易经》：“反复其道，七日来复，天行也。”七是阳数、天数，天地之间的阳气绝灭之后，经过七天可以复生，这是天地运行之道，阴阳消长循环之理，民间选择在七月十四（二七）祭祖与“七”这复生数有关。

中元节习俗主要有祭祖、放河灯、祀亡魂、焚纸锭、祭祀土地等。它的产生可追溯到上古时代的祖灵崇拜以及相关时祭。七月乃吉祥月、孝亲月，七月半之时民间初秋庆贺丰收、酬谢大地，要祀祖，用新稻米等祭供，向祖先报告秋成，这其实是追怀先人，核心是敬祖尽孝。“秋尝”是大家品尝收获，也请祖先一并庆祝，带有喜庆色彩。“秋尝”祭祖的时间并不一定是在七月十五，但是佛教和道教的介入使得这一节日固定在了七月十五。

中元节又与正月十五、十月十五两个日子并称为“三元”，其中正月十五日为上元，七月十五日为中元，十月十五日为下元，后只有上元、中元成为节日。“七月半”原本是上古时代民间的祭祖节，而被称为“中元节”，则是源于东汉后道教的说法。一定意义上，七月半祭祖节归属民间世俗，中元节归属道教。

中元节在道教中是地官大帝的诞辰。道教在汉代时全年的盛会分三次，合称为“三元”，有人认为“三元”就是天官大帝、地官大帝及水官大帝“三官大帝”的别称，正月十五、七月十五以及十月十五为三官大帝的诞辰，七月十五日称为“中元”，即地官生日，用以赦免亡魂的罪。

如此可见，中元节源于民间的先祖敬仰，与道教的结合则表明了孝敬观念与道教中慈悲观念的融合。

20. 杜甫《咏怀古迹》“岁时伏腊走村翁”反映了哪个节日的风俗？

答：“伏腊”是古代的节日，即古代的伏祭、腊祭之日，伏在夏六月，腊在冬十二月，伏腊也泛指节日。

所谓“伏”，是指夏至后第三个庚日起至立秋后第二个庚日前一天止的一段时间，分为初伏、中伏、末伏，统称三伏。“伏”是五行学家对季节的说法，四季春、夏、秋、冬为木、火、金、水，木生火而火克金，有火相克，秋天就不敢出来，只能潜伏。《汉书·郊祀志注》中说：“伏者，谓阴气将起，迫于残阳而未得升。故为藏伏，因名伏日也。”唐张守节在《史记正义》中曰：“(农历)六月三伏之节，起秦德公为之，故云初伏。伏者，隐伏避盛暑也。”

伏祭是在夏伏进行的祭祀，是古代民间的重要酒祭之一。伏祭时要饮酒杀狗举行祭祀，以却热毒恶气。伏祭在当时不仅是祭祀的节日，也是人们欢娱宴饮的日子。《汉书·郊祀志上》有“秦德公立，卜居雍……用三百牢於鄜畤。作伏祠。”伏祭又称伏祠和伏日。

腊也是古代的祭祀，郑玄注《礼记·月令》说：“腊，谓以田猎所得禽兽祭也。”应劭《风俗通义》：“腊者，猎也。言田猎取兽，以祭祀其先祖也。”这里都提出“腊”就是拿打猎所得祭祀先祖。

因为祭祀之物必须由田猎而得，故“猎”“腊”二字同源，太阳历年终之日称“腊日”，阴阳合历年终之月称“腊月”。颜师古则认为“腊”是祭百神，《汉书·卷六·武帝纪》：“膢五日，祠门户，比腊。”颜师古注：“腊者，冬至后腊祭百神也。”

关于腊祭的时间，汉代以前腊祭日期并不固定，汉代的腊日是冬至后第三个戌日，但是《荆楚岁时记》以十二月初八为腊日，现在一般都认为是十二月初八，很多地方有在这天吃“腊八粥”的风俗。

伏腊在古代是重要的庆祝节日，多与年终之时庆祝过节有关，也因此广泛见于诗文中。汉代杨恽《报孙会宗书》：“田家作苦，岁时伏腊，烹羊炰羔，斗酒自劳。”

21.“三九”和“三伏”分别指什么？

答：俗话说：冬练三九，夏练三伏。“三九”和“三伏”都指的是特定的时间段。“三九”与“数九”有关，而三伏则与“伏”有关。

“数九”在我国民间口口相传，但其起源之时没有确切的资料。“九”之数与中国传统哲学中的阴阳消长有关，阳长阴消象征暖来寒去，九为“至阳”之数，意味着阴气日益消减。“三九”是指以冬至逢壬日为起点，每“九天”算一“九”，第一个九天叫作“一九”，第二个九天叫“二九”，依此类推，一年中最冷的时期便是“三九”天。累至九次即“九九”则到了头，意味着寒去暖来。

所谓“伏”，据说伏是隐伏避盛暑的意思，“伏”表示阴气受阳气所迫藏伏地下。三伏有初伏、中伏和末伏之分。我国传统的推算方法规定，夏至以后的第 3 个庚日、第 4 个庚日分别为初伏（头伏）和中伏的开始日期，立秋以后的第一个庚日为末伏的第一天。因为每个庚日之间相隔 10 天，所以初伏、末伏规定的时间是 10 天。又因为每年夏至节气后的第 3 个庚日（初伏）出现的迟早不同，中伏的天数就有长有短，根据干支计日等算法，如果中伏在立秋后结束，就是 30 天，称为“短三伏”；如果中伏在立秋前结束，就是 40 天，称为“长三伏”。三伏成为暑热的标志，如宋代陆游《秋怀》：“城市尚余三伏热，秋光先到野人家。”

因为三九和三伏分别是最冷和最热的天气，故此，在三九天和三伏天锻炼成为刻苦的标志。

22. 什么是五音？

答：“五音”又称“五声”，即宫、商、角、徵、羽五个音阶，是我国古代五声音阶上的五个音级。

作为五个音级，从“宫”到“羽”按照音的高低排列起来，大致相当于现代音乐简谱上的 1（do）、2（re）、3（mi）、5（sol）、6（la）。但是，宫、商、角、徵、羽这五音只有相对音高，而没有绝对音高，它们的音高是随着调子的变化而变化的，只是相邻的两个音之间的距离固定不变，只要第一级音的音高确定了，其他各级的音高也就都随之确定了。《淮南子·原道训》讲：“故音者，宫立而五音形矣。”也就是说，“宫”的音高确定了，全部五声音阶各级的音高也就都随之确定了。可见，在五音之中，“宫”作为音阶的第一级音，也是最重要的一个音级，而以“宫”音为主的调式，也就是“宫调”，对音、律、声、调之间的各种可变因素进行综合的梳理，形成了中国传统乐学的宫调理论。唐代以后，“五音”也被称为合、四、乙、尺、工，形成了汉族传统的“工尺谱”记谱法，并流传到日本、越南、朝鲜等地，对其音韵体系产生很大影响。

23. 什么是十二律，它与十二月是如何相配的？

答:《国语·周语下》有云:“律以平声。”东汉蔡邕《月令章句》讲:“截竹为管谓之律。”可见，“律”在传统文化中常常指用来定音的竹管。旧说古人用十二个长度不同的律管，吹奏出十二个高度不同的标准音，以确定音乐的高低，这十二个标准音就叫作十二律。十二律也就是中国古代的定音方法，又称“律吕”。十二律各有固定的音高和特定的名称，大致相当于现代西方音乐中的 C、#C、D、#D、E、F、#F、G、#G、A、#A、B，十二律的十二个固定音从低到高的排列顺序为：

黄钟	大吕	太簇	夹钟	姑洗	中吕	蕤宾	林钟	夷则
C	#C	D	#D	E	F	#F	G	#G
南吕	无射	应钟						
A	#A	B						

十二律分为阴、阳两类：奇数六律即黄钟、太簇、姑洗、蕤宾、夷则、无射，称为阳律，或称六律、律；偶数六律即大吕、夹钟、中吕、林钟、南吕、应钟，称为阴律，或称六吕、吕，也称六同、六间、阴吕。古书上讲的“六律”通常指的是包含了阴阳各六的十二律。古书《周礼》《汉书》等，都对“十二律”有

所记载。

早在上古时代，人们就开始把乐律和历法相配合，根据《礼记·月令》所讲，十二律与十二月正好相适应，《吕氏春秋》正式以律与历相附会，以十二律应十二月，成十二律之名。古人将十二律与十二月匹配的方式如下：

正月（孟春之月）：太簇

二月（仲春之月）：夹钟

三月（季春之月）：姑洗

四月（孟夏之月）：中吕

五月（仲夏之月）：蕤宾

六月（季夏之月）：林钟

七月（孟秋之月）：夷则

八月（仲秋之月）：南吕

九月（季秋之月）：无射

十月（孟冬之月）：应钟

十一月（仲冬之月）：黄钟

十二月（季冬之月）：大吕

这种匹配的方式虽然并没有科学的依据，但也成了约定俗成的掌故，历代文人也常常在文学作品中以十二律的名称代指十二个月份，如晋人陶潜《自祭文》所讲："岁惟丁卯，律中无射。天寒夜长，风气萧索，鸿雁于征，草木黄落。"这里的"律中无射"即指九月季秋。唐代韩愈《忆昨行》中讲："忆昨夹钟之吕初吹灰，上公礼罢元侯回。"这里的"夹钟之吕"指代的即是二月仲春时节。

24. 什么是三分损益法?

三分损益法是中国古代以数学的方法定制音律的法则。春秋时期管子的著作《管子·地员》中有“三分损益法”的记载:“凡将起五音,凡首,先主一而三之,四开以合九九,以是生黄钟小素之首,以成宫;三分而益之以一,为百有八为徵;不无有三分而去其乘,适足,以是生商;有三分而复于其所,以是生羽;有三分去其乘,适足,以是成角。”管子这里所讲的是对先秦时期宫、商、角、徵、羽五音的建构。《吕氏春秋·音律篇》也有对三分损益法较为全面的记载:“黄钟生林钟,林钟生太簇,太簇生南吕,南吕生姑洗,姑洗生应钟,应钟生蕤宾,蕤宾生大吕,大吕生夷则,夷则生夹钟,夹钟生无射,无射生仲吕。三分所生,益之一分以上生;三分所生,去其一分以下生。”这里记载的是关于制定十二律的系统理论。

可见,三分损益法是利用数学均分法来建构五声音阶、七声音阶与十二律的法则。简单来讲,三分损益法就是根据标准音的管长,按三分之一的长度比例进行加减,将原有长度三等分后减去一份,称为“三分损一”,将原有长度三等分后增加一份,称为“三分益一”,两种方法交替、连续使用,各音律就可相应而定。以十二律为例,律管的长度是固定的,管长发音低,管短则发音高,十二律管的长度是按照数的比例来定制的:以黄钟为准,将黄钟管长分三份而减去一份,得六寸,就是林钟的管长;

将林钟的管长分三份而增加一份，得八寸，就是太簇的管长；将太簇的管长分三份而减去一份，得五又三分之一寸，即南吕的管长；将南吕的管长分三份而增加一份，得七又九分之一寸，即姑洗的管长。按照这种均分法，以下依次定制应钟、蕤宾、大吕、夷则、夹钟、无射、中吕，这就是十二律相生的三分损益法。十二律管的长度有一定的比例，也就意味着十二个标准音的音高是有一定比例的。三分损益法的记载，显示出古代中国人早在春秋时期即已具备对音律体系的系统认知，并能够通过制定乐器的结构，达到自然律和人工律的统一。

25. 什么是乐调？

答：乐调也就是音乐的调式，一般而言，古人通常以宫作为音阶的第一级音，事实上，宫、商、角、徵、羽五音都可以作为音阶的第一级音，音阶的第一级音不同，也就意味着调式的不尽相同，以宫为起点，作为音阶的第一级音，也就是说以宫音作为乐曲旋律中居于核心地位的主音，这样的乐调就是宫调式。以此类推：以商为起点，作为音阶的第一级音，就是商调式；以角为起点，作为音阶的第一级音，就是角调式；以徵为起点，作为音阶的第一级音，就是徵调式；以羽为起点，作为音阶的第一级音，乐调就是羽调式。五声音阶便有五种主音不同的调式。《孟子·梁惠王下》有载：“召大师，曰：‘为我作君臣相说之乐。’盖《徵招》《角招》是也。”这里的“徵招”即徵调式的舞乐，“角招”即角调式的舞乐。

古人把宫、商、角、徵、羽按照音的高低排列起来，形成五音。后来，在此基础上，又增加了变宫、变徵，称为“七音”。变宫、变徵大致相当于现代乐谱上的 7（ti）和 #4（fis），这样就形成了一个七声音阶：

宫　商　角　变徵　徵　羽　变宫

1　2　3　#4　5　6　7

与五声音阶有五种调式同理，七声音阶便有七种不同的调式。《史记·刺客列传》有载：“高渐离击筑，荆轲和而歌，为变徵之声，士皆垂泪。又前而为歌曰：‘风萧萧兮易水寒，壮士一去兮不复还。’复为慷慨羽声，士皆瞋目，发尽上指冠。于是荆轲遂就车而去，终已不顾。”这里所说的“变徵之声”即声调悲壮的变徵调式，“羽声”即声调激愤的羽调式。这一记载也表明，不同的调式可以有不同的感情色彩，能够产生不同的音乐效果。

26. 什么是宫调和五宫四调？

答：在中国古代，“宫调”概念的确立是以五音、十二律为基础的。宫、商、角、徵、羽五音只有相对音高，没有绝对音高，在实际使用的过程中，它们的音高要用黄钟、大吕、太簇、夹钟、姑洗、中吕、蕤宾、林钟、夷则、南吕、无射、应钟这十二律来确定。例如以“宫”音为主音，理论上就可以确定十二种不同音高的宫调式，用黄钟来确定宫音即黄钟宫，用大吕来确定宫音即大吕宫，后者要比前者的调式高。《礼记·春官·大司乐》讲:“乃奏黄钟，歌大吕，舞云门，以祀天神。”这里的“黄钟”指的就是黄钟宫，“大吕”指的就是大吕宫。按照这样的方法，宫音确定了，其他各音用什么样的调式也可随之而定，例如：

黄钟宫

黄钟	大吕	太簇	夹钟	姑洗	中吕	蕤宾	林钟	夷则
宫		商		角			徵	
南吕	无射	应钟						
羽								

大吕宫

黄钟	大吕	太簇	夹钟	姑洗	中吕	蕤宾	林钟	夷则
	宫		商		角			徵
南吕	无射	应钟						
	羽							

以此类推，商、角、徵、羽也可以用十二律来确定调式而形成十二种不同音高的商调式、角调式、徵调式、羽调式。五音、十二律便可形成六十种调式，同样的道理，七音也可以用十二律来确定调式，便可得八十四调，《礼记·春官·大司乐》讲“黄钟为宫，大吕为角，太簇为徵，应钟为羽”，所指的就是不同音高的不同调式。五音之中，通常将以“宫”为主确定的调式称为“宫”，以其他四音为主确定的调式称为“调”。

需要注意的是，六十调或八十四调更多的是理论上的概念，在实际的音乐中不一定全都用到，例如唐宋燕乐只用二十八宫调，即七宫二十一调，元杂剧中常用的只有九个宫调，包括正宫、中吕宫、南吕宫、仙吕宫、黄钟宫、大石调（黄钟商）、双调（夹钟商）、商调（夷则商）、越调（无射商），即五宫四调。

27. 什么是八音?

答：八音，是指上古时代的八类乐器。《礼记·春官·大师》中讲:“皆文之以五声：宫、商、角、徵、羽；皆播之以八音：金、石、土、革、丝、木、匏、竹。”

按照《礼记·春官·大师》郑玄注，金指钟镈，石指磬，土指埙，革指鼓鼗，丝指琴瑟，木指柷敔，匏指笙，竹指管箫。

钟镈是古代青铜制乐器，属于礼乐重器。钟可悬挂在架上，用槌敲击而鸣，钟作为乐器可单一使用，称为“特钟”，也可以用十几个大小不等的钟组成编钟。镈在形制上如钮钟而体型较大，在演奏音乐的过程中，镈常常单独敲击，不能成套使用。钟镈作为礼乐重器，多用于宫廷雅乐，其音质质朴灵动，有一种闲适之美。

磬是古代的石制打击乐器，多用美石或碧玉雕刻而成，悬挂在架子上，以槌敲击可以发出悦耳的鸣响。磬的使用历史相当悠久，常用于远古先民的乐舞活动之中，可追溯到母系氏族社会，又称“石”“鸣秋”。磬在商代已有广泛流传，制作精美，用于雅乐。在使用的过程中，大磬可以单独演奏，又称为“特磬”，也可以按照大小顺序依次排列悬挂在架子上，称为“编磬”。磬的乐声悠远清韵，古代演奏乐曲的过程中，多用磬声调和各种乐器，协调各种节奏。

总体而言，金、石、土、革、丝、木、匏、竹这八类乐器在音质上各有特色，《尚书·国语·周语下》有载：“故乐器重者从细，轻者从大。是以金尚羽，石尚角，瓦丝尚宫，匏竹尚议，革木一声。”韦昭注曰：“轻，瓦丝也，从大，谓瓦丝尚宫也。”可以看出，中国古代在使用各种材质的乐器进行演奏的过程中，特别注意不要让它们的次序发生混淆，要尽量保证演奏音乐的和谐，《尚书·虞书·舜典》所讲的“八音克谐”，也在一定程度上反映了中国古代文化崇尚和合的审美理想。

28. 什么是州，“九州”指什么？

答：“州”是一个象形字，甲骨文写作按照其甲骨文的字形，纵向弯曲的线条象征河流，线条中间的圆圈就像水中间的陆地，汉代许慎《说文解字》讲：“水中可居曰州。”可见，“州”的本义就是水中间的陆地。相传尧的时代遭遇到洪水灾害，当时的百姓只能生活在水中高地，后来，大禹治理了洪水，便将天下分成了九个州，称“九州岛”。“州”成了中国最古老的区域划分名称。按照《尚书·禹贡》的说法，九州岛包括：冀州、兖州、青州、徐州、扬州、荆州、豫州、梁州、雍州。后来人们便以九州泛指中国。

到了汉代，中国的疆域更加辽阔，为了加强中央集权，汉武帝首创刺史制，将全国分为十三个监察区，即十三州，每一区域派一名刺史负责巡查和管理该州事物。这十三个区域沿袭了《尚书·禹贡》中九个州的名称，又从《周礼·职方》中取了并州、幽州之名，另外增加了朔方、交趾二郡，成立朔方刺史部和交趾刺史部。十三州之外，还设立有司隶校尉部，与州同级而直属中央，主管京师及其附近地区，与十三州合称为“十四部州”。后来，朔方并入并州，交趾改为交州，加上司隶校尉部，合成十三州。东汉晚期，州已经正式成为行政区域的划分名称。魏晋南北朝时期继续沿用东汉以来的行政划分，到太康元年（280），共有司隶、冀州、兖州、豫州、荆州、徐州、扬州、青州、幽州、平州、并州、雍州、凉州、秦州、梁州、益州、宁州、交州、广州，共十九州。唐高祖时，又将秦代所设的郡改称为州，这样，全国共有三百多个州，州的长官称知州事，简称知州。宋元沿袭了唐代的行政制度，与唐代的行政区域基本一致。明清时期，改州为府，所以有“兖州府”“扬州府”等名称，只留少数直隶州直辖于省，其他各州成为府之下的行政单位。中华人民共和国成立后，中央政府在藏族、回族、苗族、壮族等地区设立自治州，行政地位在省以下，在县以上。

29. 什么是郡，郡在历代的演变情况如何？

答：郡是中国古代重要的行政区域划分名称。先秦时期，周天子将王畿之地分为百县，每县有四郡，汉代许慎《说文解字》讲：“郡，周制，天子地方千里，分为百县，县有四郡，故春秋传曰，上大夫受县，下大夫受郡是也。”秦王嬴政于二十六年（前221）统一六国，废除分封制，在全国推行郡县制，并初分天下为三十六郡。《史记·秦始皇本纪》记载：“（二十六年）分天下以为三十六郡，郡置守、尉、监。”《史记·秦本纪》中也提到此事，但都没有列出三十六郡的郡名。南朝宋裴骃《史记集解》讲：“三十六郡者，三川、河东、南阳、南郡、九江、鄣郡、会稽、颍川、砀郡、泗水、薛郡、东郡、琅邪、齐郡、上谷、渔阳、右北平、辽西、辽东、代郡、钜鹿、邯郸、上党、太原、云中、九原、雁门、上郡、陇西、北地、汉中、巴郡、蜀都、黔中、长沙凡三十五，与内史为三十六郡。”其所在地涉及今天的陕西、山西、甘肃、河南、河北、山东、江苏、安徽、江西、浙江、四川、湖北、湖南、辽宁诸省境。

此后，又增加了闽中、南海、桂林、象郡四郡，共计四十郡。清代姚鼐《复谈孝廉书》讲：“按《秦始皇纪》，分天下为三十六郡在其二十六年，迄三十三年，略取陆梁地为桂林、象郡、南海，是已为三十九郡。至秦亡时，或更有分合，不知凡若干郡也。”此处说的就是这段历史。以后的朝代也都设有郡，汉代部分恢复分封制，郡直属朝廷，诸侯的封地称为国，各诸侯国在行政上与郡同属于一个级别，所以古书中常有“郡国”连称。如《史记·孝武本纪》载：“于是郡国各除道，缮治宫观名山神祠所，以望幸矣。”《汉书·隽不疑传》载：“武帝末，郡国盗贼群起。”《汉书·翟方进传》载：“为相公絜，请托不行郡国。”隋唐时期州郡迭改，都是行政区域，直到宋代最终废郡。

30. 什么是道，唐代的“道”是怎么设置的？

答：“道”是中国古代的行政区划概念，起源于汉代，专门用于指称少数民族聚居地，与县同级。《汉书·百官公卿表》载：“列侯所食县曰国，皇太后、皇后、公主所食曰邑，有蛮夷曰道。”

唐代时，道最初为监察区，大体相当于汉代的州，后来州县增多，道逐渐成为一级行政区划。唐太宗贞观元年（627），依据山川地理形势，分全国为十道：关内道（即古雍州）、河南道（即古豫兖青徐四州）、河东道（即古冀州）、河北道（即古幽冀二州）、山南道（即古荆梁二州）、陇右道（即古雍梁二州）、淮南道（即古扬州）、江南道（古扬州南部）、剑南道（即古梁州）、岭南道（古扬州南部）。《通典州郡二》记载：“贞观初并省州县，始于山河形便，分为十道。”初时朝廷以巡查使、按察使、安抚使等临时派遣官员处理各道事务，事毕既罢，废置无常。武则天天授二年（691）正式设立十道巡察使，并逐渐确定了固定的巡查期限。《唐书·中宗纪》有载：“神龙二年，敕左右台内外五品以上官，识理通明，五屈挠者二十人，分为十道巡察使，二周年一替，以廉按州郡。”

唐玄宗于开元二十一年（733），在唐太宗贞观十道的基础上，从关内道中分出京畿道、都畿道，又把山南道分为山南东道、山南西道，把江南道分为江南东道、江南西道、黔中道，遂成十五道。《旧唐书·地理志一》有载：“开元二十一年，分天下为十五道，每道置采访使，检察非法，如汉刺史之职。”也就是说，各道设置采访使，仿照西汉的刺史制度，发挥监察性的作用，道成为监察区。到了唐宪宗元和年间，全国的行政区域基本被各节度使、观察使、经略使、防御使所瓜分，开元十五道完全失去了原有的行政意义，只保留了地理意义。此后，“十道”“十五道”便从行政区域名称变为地理区划名称，并一直沿用至五代时期。

31. 什么是路，宋代的“路”是怎么设置的？

答：“路”在北宋初年是为了征税和漕运而划分的区域，后来逐渐带有了行政区划和军区的性质。北宋初年，宋太祖为加强中央集权，将全国分为若干路，设监察司，掌管地方财政与刑狱诸事，并督查地方官员，称为转运使，路遂成为北宋时期最高一级的地方行政区域。《续资治通鉴长编》卷四十二载，至道三年（997）始定为：京东、京西、河北、河东、陕西、淮南、江南、荆湖南、荆湖北、两浙、福建、西川、峡（峡西）、广南东、广南西十五路。

宋真宗时，在宋初十五路的基础上，分西川、峡（即峡西）路为益州路、利州路、梓州路、夔州路；江南路分为江南东路和江南西路，遂成十八路。历经仁宗、英宗至神宗初年不曾改变，堪为北宋一代维持最久的路制。宋神宗熙宁五年（1072），又分京西路为京西南路、京西北路；分陕西路为永兴军路、秦凤路；分淮南路为淮南东路、淮南西路，共二十一路。熙宁七年（1074），又分京东路为京东东路、京东西路，全国共为二十三路。《宋史·地理志一》有载:“至道三年，分天下为十五路，天圣析为十八，元丰又析为二十三：曰京东东、西，曰京西南、北，曰河北东、西，曰永兴，曰秦凤，曰河东，曰淮南东、西，曰两浙，曰江南东、西，曰荆湖南、北，曰成都、梓、利、夔，曰福建，曰广南东、西。”至元丰八年（1085）颁行《元丰九域制》，仍旧依据这二十三路编制而成。

南宋建炎元年（1127）各路普遍设置安抚司掌管兵、民政事，替代了北宋时期转运司，成为地方最高一级行政区域。南宋初分境内为十六路：两浙东、两浙西、京西南、淮南东、淮南西、江南东、江南西、荆湖南、荆湖北、成都府、潼川府、利州、夔州、福建、广南东、广南西。其后时有分合，至嘉定三年（1210）再次确定为十六路，这是南宋维持最久的行政区划。

32. 古书中有哪些同名异地的情况?

答：古书中有很多同名异地的情况，我们读书的时候要特别注意。例如山东，战国时称齐、楚、燕、韩、赵、魏六国为山东，因为只有秦国的都城在关中，而其他六国则在崤山函谷关以东。所以《战国策·赵策》讲:“六国从亲以摈秦，秦必不敢出兵于函谷关以害山东矣。”汉代贾谊《过秦论》赞美陈胜发难时也说:“斩木为兵，揭竿为旗，天下云集响应，赢粮而景从，山东豪俊遂并起而亡秦族矣。”汉代以后，“山东”一词多用来指称齐鲁一带，如《史记·儒林列传》讲:“汉定，伏生求其书，亡数十篇，独得二十九篇，即以教于齐鲁之间。学者由是颇能言尚书，诸山东大师无不涉《尚书》以教矣。”伏生原为秦国博士，善讲《尚书》，秦时焚书，伏生将《尚书》藏在屋壁之中，秦汉更迭，天下大乱，此书丢失，汉代初年，天下已定，伏生寻找该书，找到二十九篇，在齐鲁之间传授该书，西汉时期山东的《尚书》学者，大都出自伏生门下。

再如江南，今天的江南一般指长江中下游以南的地区，但在历史上则多有不同。汉代以前，江南的地区十分广阔，《史记·货殖列传》讲“江南豫章长沙”，江南包含豫章郡、长沙郡，大致相当于今天的江西省和湖南省。屈原《楚辞·九章·招魂》讲“目极千里兮伤春心，魂兮归来哀江南”，这里的江南指的也是荆楚江湘之地。魏晋南北朝时期，称南朝及其统治下的地区为江南，南朝谢朓在《入朝曲》中讲“江南佳丽地，金陵帝王州”，写的就是六朝古都南京的风光。唐代承袭了汉代的地理划分，江南道指古扬州的南部，包括今天的浙江、福建、江西、湖南等省。

还有一些具体的地名，在不同的历史时期也曾指称不同地点，具有同名异地的现象。例如北京，唐五代时期指今天的山西太原，宋代指今天的河北大名，金代指今天的辽宁凌源；现在的北京，春秋战国时期叫作“蓟”，金代叫作“中都”“大兴”，元代叫作“大都”。再如南京，唐代指今天的四川成都，宋代指今天的河南商丘，金代指今天的河南开封，明清以后指今天的南京；桂林，秦代指今天的广西桂县以南地区，三国时指今天的梧州，西晋时指今天的柳州以东地区，南北朝及唐代以后，多指今天的桂林。

33. 古代的宰相制度是如何演变的？

答：秦代确立了宰相制度后，汉承秦制，初置丞相，后改为相国或左、右丞相，也曾由一相发展为三公，即丞相（后称太尉）、司徒、司空。《汉书·百官公卿表上》讲“金印紫绶，掌丞天子，助理万机”，可以看到，汉代宰相的职权是非常高的。《史记·陈丞相世家》中记载了西汉的丞相陈平对宰相职责的总结：“宰相者，上佐天子理阴阳，顺四时，下育万物之宜，外镇抚四夷诸侯，内亲附百姓，使卿大夫各得任其职焉。”汉武帝时期，为了加强中央皇权，选用了一批精明强干的官吏组成内朝官，与丞相相对应，丞相的权力受到了一定程度的削弱。

至魏晋南北朝时期，宰相渐成虚衔，其职权由尚书省、中书省、门下省三省长官所取代，宋、齐、梁、陈相继沿袭，出现了丞相与三公相交替的局面。隋朝时仍以三省长官为宰相，但其职权划分并不明确，《历代职官表·内阁》记载：“隋代虽置三公，以官高不除。其秉国钧者惟内史纳言，而尚书令事无不统，即不预机事，亦称政本之地。故唐沿其制，以三省长官为宰相之职也。”唐朝初年的宰相制度沿袭隋朝，设置尚书省长官尚书令、中书省长官中书令、门下省长官门下侍中，尚书省掌管全国政务，中书省为全国政务中枢，也负责起草皇帝的诏令，门下省掌管审查政令，签署章奏，有封驳之权。但是后来又有较大的发展变化，宰相名称之多，历代少有，以尚书省为例，武德初年

（618）为尚书省，龙朔二年（662）改为中台，咸亨元年（670）恢复尚书省，光宅元年（684）又改为文昌台，垂拱元年（685）改为都台，长安三年（703）改为中台，神龙尊者元年（705）恢复为尚书省。

北宋初年，虽然仍设有三省长官，但并非宰相之职，名存而“不与政事”。在三省之外，中央集权的最高执政机构是中书门下政事堂和枢密院，同中书门下的长官“同平章事”为宰相，另设“参知政事”为副相，《宋史·职官志一》载：“宋承唐制，以同平章事为真相之任，无常员；有二人，则分日知印。以丞、郎以上至三师为之。”宋神宗熙宁元年（1068）改制后，恢复三省制，以尚书左、右仆射为宰相，分别兼任门下、中书侍郎之职。至孝宗时，改左、右仆射为左、右丞相，统领中书省，尚书省只领六部，废门下省。至此，三省制名实俱亡。元代以中书省总揽政务，统辖六部，设中书令，左右丞相、平章事为宰相。明初承袭元制，由中书省担任全国政事的中枢机关，但是为加强皇权专制，洪武十三年（1380），朱元璋裁撤中书省，废除丞相，六部由皇帝统辖，直接管理国家政事，并下令禁止再设宰相一职，《明太祖实录》载：“以后嗣君，毋得议设丞相，臣下有奏请设立者，论以重刑。”传统的宰相制度从此废除。

34. 什么是“九卿”？

答：九卿是中国古代中央部分行政长官的总称。九卿的官职在夏朝时即已设立，《礼记·明堂位》有载：“夏后氏官百，天子有三公、九卿、二十七大夫、八十一元士。”《周礼·冬官·考工记》在谈及建筑宫室规模时也有讲道：“内有九室，九嫔居之；外有九室，九卿朝焉。九，分其国以为九分，九卿治之。”注云：“六卿三孤为九卿。”所谓“六卿”即指天官冢宰、地官司徒、春官宗伯、夏官司马、秋官司寇、冬官司空，所谓“三孤”即指少师、少傅、少保，合为“九卿”。

以九卿为中央的行政长官的职官制度是在秦汉时期确立的。秦代设置奉常、郎中令、卫尉、宗正、太仆、廷尉、典客、治粟内史、少府，合为“九卿”。西汉初沿袭秦制，后有改称：（1）奉常，掌管宗庙礼仪，为九卿之首，景帝中六年（前144）更名为太常；（2）郎中令，掌管宫廷侍卫，武帝太初元年（前104）更名郎中令为光禄勋；（3）卫尉，掌管宫门禁卫军，汉景帝初一度改称中大夫令；（4）宗正，掌管皇族事务，平帝元始四年（4）曾更名宗正为宗伯；（5）太仆，掌管皇帝御马和宫廷马政；（6）廷尉，是最高的法官，景帝中六年（前144）更名为大理；（7）典客，掌管王朝对属国之交往事务，景帝中六年（前144）更名为大行令，平帝元始四年（4）曾更名大鸿胪；（8）治粟内史，掌管租税赋役，景帝后元年（前143）更名为大农令，武帝太初元年（前104）又更名为大司农；（9）少府，掌管宫廷总务。这些官职，后来总称为“九卿”。总体来说，九卿之中，廷尉、典客、治粟内史掌管政务，其余六卿掌管皇帝私人事务。三公九卿制的建立，正式确立了我国中央集权制。

35.“六部制”是如何确立的，“六部”分别有哪些职能？

答：“六部制”是中国古代封建社会一套组织严密的中央官制。它初创于隋代，完善于唐代，一直到清末，六部制基本沿袭未改。所谓“六部”，即尚书省下属的吏部、户部、礼部、兵部、刑部、工部。各部的首长称为尚书，副首长称为侍郎。每部各辖四个司，共二十四司，司的首长称为郎中，副首长称为员外郎。属官还有都事、主事等。

具体说来，户部，为掌管财政、民政的机关，相当于今日的财政部与民政部，掌管土地、户口、赋税、财政等事务。下属户部、度支、金部、仓部四司，其中户部司掌理全国的户口、土地、赋役、婚姻、继嗣等事务。唐高宗龙朔二年（662）曾改称司元司，武则天光宅元年（684）曾改称地官司，后皆恢复旧称。礼部，执掌礼仪、祭享、贡举之政，《元史·百官志》载：礼部“掌天下礼乐祭祀燕享贡举之政令”，礼部下设仪制清吏司、祠祭清吏司、主客清吏司、精膳清吏司。开元二十四年（736）唐玄宗诏礼部侍郎主持科举考试，礼部的地位大大提高。兵部执掌六品以下武官选授、考课事务，以及军令、军籍等事务，但并不直接带兵，下属兵部、职方、驾部、库部四司。《新唐书·百官志一》载：兵部“掌武选、地图、车马、甲械之政。其属有四：一曰兵部，二曰职方，三曰驾部，四曰库部”。刑部执掌国家的律令和刑法，其属有刑部、都官、比部、司门四司。工部执掌土木水利工程和国家的农、林、牧、渔业之政，下属工部、屯田、虞部、水部四司。

36. 古代“台官”指的是什么官职?

答:“台官”是中国古代监察官的习惯称呼，其职责是对百官进行纠弹。台官在历代的具体称谓有所不同，中国古代中央官制中的检察官，最早可以追溯到战国时代的御史。御史是当时的记事之官，兼纠察之职。秦汉时期称为侍御史，秦代的御史大夫为侍御史的首长，西汉时期的御史大夫相当于副丞相，由其助手御史主持领导监察弹劾的具体工作，后来成立了中央监察机构御史台，以御史中丞为首长，职掌纠察官邪、肃正纲纪，大事则廷辨、小事则奏弹，在中央官制中地位较高，清严可均《全后汉文》卷三四引应劭《汉官仪·尚书令》讲:“凡三公、列卿、将、大夫、五营校尉行复道中，遇尚书、仆射、左右丞，皆回车预避，卫士不得迕台官，台官过，乃得去。”

御史台又称兰台、宪台，后世也称肃正台，所以习惯上把检察官称为台官。御史台是中央行政监察机关，也是中央司法机关之一。历代检察官的首长多为御史大夫、御史中丞，等等。隋唐五代宋金元历代沿置。唐朝贞观之前，御史台没有司法权力。贞观年间，御史台设置台狱，受理特殊的诉讼案件。光宅元年（684）改御史台为肃正台，左肃政台专管京官、军队的监察事务，右肃政台负责地方监察事务，神龙元年（705）改为左右御史台。宋代元丰改制后，恢复设立御史台官署，职掌同于唐朝，《宋会要辑稿·职官》载:“台官职在绳愆纠缪，凡官司稽违，悉许弹奏。则自宰臣至百官、自三省至百司，不循法守，有罪当劾，皆得纠正。”御史台下设台院、殿院、察院三院，其中台院地位最高，察院权力最大。

金、元时期御史大夫、御史中丞并置，仍以御史中丞为主官。元朝御史制度曾空前发达，负责纠弹各级官员，监督官员的选任、考核与升迁，纠黜不称职的官员，督查司法，并且兼有言谏的职责，台谏合一。御史台直接在地方设立行御史台，与行枢密院、行中书省并立，配合按察司官员巡按地方。明朝废御史台，改设都察院，也叫最高监察院，首长为左、右御史，下设左右副督御史、左右佥督御史，再往下设有十三道监察御史，分管每个省的监察工作，协管北京、南京、直隶衙门。清朝基本上沿置了明朝的监察体制。历代掌管监察的属官除侍御史外，还有治书侍御史、殿中侍御史、监察御史，等等。

37. 古代的谏官制度是如何演变的?

答：谏官是对皇帝进行规谏的官员。中国古代的谏官制度历史悠久，春秋战国时期就已有诸侯国设立了谏官，如齐国设有“大谏”，专职谏诤国君的错失。据《通典·官职三》记载，秦始皇正式设置了“掌论议”的谏议大夫。谏议大夫是一种专职的谏官，设在郎中令之下，南朝宋齐之际王珪之所撰《齐职仪》中有载：“秦置谏议大夫，掌议论，无常员，多至数十人，属郎中令。”中国古代的谏官制度初步确立。

汉魏时期，谏议制度有了进一步的发展。西汉继承了秦朝的谏议制度，设有谏大夫，东汉光武帝加上“议”字，称为谏议大夫，这是属于光禄勋的专职谏官。魏晋时又设立左右散骑常侍，与谏议大夫组成了一个相对较为完善的谏官系统。至南北朝时期，谏议大夫隶属于门下省，北朝时期尤其重视门下省，《魏书·彭城王勰传》有载:“参决军国大政，万机之事，无不预焉。”

唐代也很重视谏官，唐代的谏官除了谏议大夫外，还有散骑常侍、左右补阙、左右拾遗等，都属于门下省，著名诗人杜甫就曾做过左拾遗。唐代谏官的职能主要包括规谏君王失误、参与决策，规谏朝廷过失、上封言事，充任知匭使、受四方之书等。五代十国时期，谏官的作用虽然不及唐朝，但仍有谏官勇于规谏与奏疏。

宋代谏官从中书省和门下省中独立出来，《宋会要辑稿》职官三载，明道元年（1032），宋仁宗诏令“以门下省为谏院，徙旧省于右掖门之西”，专门设立了谏院，并与御史合称台谏。宋代谏官的职能比以前更加广泛，包括谏诤皇帝，奏劾宰相及百官，参议朝政，参与举荐官员，受理臣民的上奏章疏，等等。

元代没有设置谏官，谏官的职能由御史兼任。明朝初年，朱元璋一度十分重视谏官，于洪武十三年（1380），“置谏院，左、右司谏各一人，正七品；左、右正言各二人，从七品”，但没过多久，便罢免了谏议大夫等谏官。此后，谏官的职能由六科给事中取代。

38.“金马门”代表的是什么职位？

答：金马门是汉代的学士待诏之处，是一官署名称。金马门本是汉代的宫门。汉武帝得大宛马，于是命令铸以铜像，立于鲁班门外，因此称鲁班门为金马门。

在中国古代，皇帝都有文学侍从，或者供奉辞赋，或者讲论六义，或者解析群书，他们没有特定的官号。汉代的文人学士即于金马门上书、待诏，隶属少府。汉代待诏金马门的文人学士中最有名的人物当属东方朔，《汉书·东方朔传》载：“臣言可用，幸异其礼。不可用，罢之。无令但索长安米。上大笑，因使待诏金马门，稍得亲近。”汉代大儒扬雄也曾待诏金马门，他在《解嘲》中曾讲：“与群贤同行，历金门上玉堂有日矣。”因有很多文人像扬雄一样待诏金马门而入仕，后来也有以“金马门”代指文人入仕朝廷，成就功名之意。

唐代也有金马门，设在翰林院，也是文人和卜医技术待诏的处所。宋代，学士院改为翰林学士院。明清时期称为翰林院，但职掌和唐宋时期有所不同。

39. 古代的图书编纂和校勘机构有哪些？

答：我国自古就非常重视图书的收藏和校订，有文献可考的最早的文书档案机构是《周礼》中所记载的西周的“天府”。《周礼·春官·天府》载：“天府，掌祖庙之守藏与其禁令。”天府是西周保存王朝宗庙重要档案正本的处所。从《尚书·金縢》

的记载中可知，西周时期重要的王室档案不但要“登于天府”，而且“乃纳册于金縢之匮中”，开启此匮还要举行隆重的仪式。春秋战国时期诸子百家中的很多博学之士都曾从事过管理图书与档案的工作，道家学派的创始人老子就曾做过周代守藏室的史官，《史记 · 老子韩非子列传》中就说老子是“周守藏室之史”，藏室即收藏典籍的藏府。

“兰台”是汉代的中央典籍档案库，隶属于御史府，汉代的御史中丞除了作为监察官之外，也在兰台职掌图籍秘书，其下有兰台令史职掌校书定字。兰台的典藏十分丰富，既有皇帝的诏令，也有国家的重要律令；既有臣子的奏章，也有郡县的账簿，还有地图，等等。东汉著名的史学家班固就曾任职兰台令史，奉诏修史。今天，“兰台”也成了档案机构的代称。此外，东汉的秘书监以及后来增设的秘书郎、校书郎都是专管图书的官员。南北朝以后设秘书省，为管理图书典籍的官署，其主官为秘书监，下设少监、秘书郎、校书郎、正字等官职，掌国史、著作两局。

隋代秘书省依然为官方的修书机构，编纂了礼乐、历史、地理、法律等方面的类书，成绩斐然。唐代的秘书省曾一度称为兰台、麟台，也是因为兰台曾是汉代的藏书之所。秘书省在唐代是国家的藏书中心，相当于国家图书馆。唐初的秘书省还兼管著作局和太史局：著作局是掌修国史的机构，史官建立以后也负责撰写碑志、祝文和祭文，等等；太史局是负责观测天象和编制历书的机构，《唐六典》卷十《秘书省》有载：太史令“掌观察天文，稽定历数。凡日月星辰之变，风云气色之异，率其属而占候焉。其属有司历、灵台郎、挈壶正。凡玄象器物、天文图书，苟非其任，不得与焉”。唐玄宗天宝二年（743），太史局更名为太史监，并逐渐从秘书省中独立出来。唐代内廷还有收藏经史子集的弘文馆和修写御本的集贤殿书院，设学士、直学士、修撰、校理等官职，并有校书郎、正字，等等，从事图书的管理、修撰和校订工作。

宋代把收藏图书和编修国史的单位合称为馆阁："馆"指昭文馆、史馆和集贤院，"阁"有秘阁、龙图阁、天章阁，等等。其中，秘阁负责收藏真本书和古字画，龙图、天章等十一阁负责分藏宋太宗、宋真宗的"御画""御制文集"等。明代馆阁之职并入翰林院，从此翰林院也就成为馆阁了。

40. 古代的博士、助教，其内涵与今天有何不同？

答："博士"在今天是高等教育的最高学位。与今天不同，春秋时期，儒家所说的博学之士泛称为博士，此时它并不是官职的名称。博士作为官名，最早出现在战国时期，《史记・循吏列传》有载："公仪休者，鲁博士也，以高第为鲁相。"公仪休以博士而为鲁相，可知鲁国已设有博士之职。

秦至汉代初年，博士职掌书籍典藏、档案保管，及古今学术史事待问等事务。《汉书・百官公卿表上》记载："博士，秦官，掌通古今。"当时的博士，都是博古通今、学识渊博之士，也兼管教育和学术。汉文帝时，《论语》《孝经》《孟子》《尔雅》皆立博士，汉武帝建元五年（前 136）采用公孙弘的建议，设立五经博士为学官，《诗》《书》《礼》《易》《春秋》每经置一博士，并置博士弟子学习经术，博士成为专门职掌经学传授的官职。汉代博士是太常的属官，所以有太常博士之称，以博士祭酒为长官，总管太学。博士的选用须经过严格的考试，只有精通经术之人，才能当选为博士。《汉书·成帝纪》中有载，博士须由“明于古今，温故知新，通达国体”之人担当，西汉著名文学家贾谊、思想家董仲舒都曾出任博士。晋代以博士为国子学和太学的教官，并设助教作为博士的副职，协助博士传授专门的知识。后代沿置，直到明清，中央教育机构国子监还有博士和助教。

魏晋以后历代所设的博士常为精通一技的职官，属于礼官的性质，和作为教官的国子博士、太学博士等职掌有所不同。例如北魏时期选任精通音律之人为太乐博士，掌管宫廷音乐。三国魏和唐代都有律学博士，职掌教授法律，《旧唐书·职官志》有载：“律学博士一人，助教一人，学生五十人。博士掌教文武官八品已下及庶人子为生者。以律令为专业，格式法例亦兼习之。”唐代还有医药博士，为医官名称，《新唐书·百官志》载：“贞观三年，置医学，有医药博士及学生。开元元年，改医药博士为医学博士。”唐代还选用精通天文、星象之人为天文博士，职掌天文历法，教习天文气色，《新唐书·百官志》载，唐代司天台设有天文博士二人，有天文观生九十人，天文生五十人。精通礼仪的人也有被选为太常博士，职掌宫廷礼仪，《宋史·职官四》：“博士：掌讲定五礼仪式，有改革则据经审议。凡于法应谥者，考其行状，撰定谥文。有祠事，则监视仪物，掌凡赞导之事。”这些官职在宋代逐渐被废止，与此同时，民间开始用博士一词称呼专门从事某一职业的人，如茶博士、酒博士，等等。到了近代，“博士”成了学位的名称。

41．古代的爵位制度分几级？

答：爵位制度是中国古代社会的政治等级制度之一。“爵”是秩序的意思，《礼记·王制》有载：“王者之制禄爵。”注曰：“爵，秩次也。”爵位，也称封爵、世爵，也就是诸侯获得封地赏赐的等级。在中国周代就有公、侯、伯、子、男五个爵位，均世袭罔替，封地称国。有些文献也将“天子”记为一个爵位，如东汉班固《白虎通义·爵篇》所讲：“天子者，爵称也。爵所以称天子者何？王者父天母地，为天之子也。”这里主张天子乃受命于天，同时也认为“天子”的称号是一种爵位。《孟子·万章》也讲：“天子一位，公一位，侯一位，伯一位，子男同一位，凡五等也。君一位，卿一位，大夫一位，上士一位，中士一位，下士一位，凡六等。天子之制，地方千里。公侯皆百里，伯七十里，子男五十里，凡四等。不能五十里，不达於天子，附于诸侯曰附庸。天子之卿受地视侯，大夫受地视伯，元士受地视子男。”此处仍将“天子”视为爵位之一，进而说明了爵位分为内爵和外爵，君、卿、大夫、士为内爵，是隶属王畿之内的爵位；公、侯、伯、子、男为外爵，即王畿之外的爵位。爵位无论内外，都应尽职尽责，如《白虎通义·爵篇》所讲："爵者，尽也，各量其职，尽其才也。"后代的爵位制度因时而异，常有不同。

42."封人"是什么官职?

答："封人"是周代的官名，为地方官司徒所属，负责守护帝王社坛，管理修筑国境疆界上的封土堆和树木等。"封"即封疆之意，"封人"也就是管理边疆城池的官员，《周礼·地官·封人》有载："封人，掌设王之社壝，为畿封而树之。凡封国，设其社稷之壝，封其四疆。造都邑之封域者，亦如之。"春秋时期，郑、楚、宋、卫等各诸侯国都设有封人，负责典守封疆，当时掌管筑城之官也称为"封人"。《左传·宣公十一年》讲："（楚）令尹蒍艾猎城沂，使封人虑事。"

"封人"一职因其职责的重要性，常由德才兼备之人担任，地位也较高。

43. 科举考试分为哪三级?

答：正式的科举考试分为三级：乡试、会试、殿试。

乡试是最基础的科举考试，通常每三年在各省省城举行一次，又称为大比，因时间是在秋季，一般在八月，故称为秋闱。明、清两代定为每三年一次，主考官由皇帝钦派，在各省省城（包括京城）举行，本省生员与监生、荫生、官生、贡生，经科考、岁科、录遗合格者都可应考，一般在子、午、卯、酉年举行，为正科。正科之外，还有恩科，遇皇帝亲试时，可别立名册呈奏，特许附试，称为特奏名，一般都能得中，故称“恩科”。恩科始于宋，明、清沿用，清朝逢朝廷庆典也开恩科。若正科与恩科合并举行，则称恩正并科。

乡试中试者称为举人，第一名称为解元，第二名称为亚元，第三、四、五名称为经魁，第六名称为亚魁。中试之举人可有选官资格，中试者可参加次年在京师举行的会试。

会试在乡试后的第二年春天举行，又称为春闱，由礼部主持，所以又称为礼闱。明清两代每三年在京城举行一次考试，于乡试的第二年举行，乡试每逢子卯午酉年举行，故会试在其后的次年即丑、辰、未、戌年春季举行。皇帝任命正、副考官，各省的举人及国子监监生皆可应考，考三场，每场三日。参加会试者为举人，取中后称为贡士，第一名称为会元。

会试取中的贡士再由皇帝亲自考试，即殿试。殿试是皇帝亲自主试的考试，考策问。参加殿试的贡士取中后统称为进士。殿试分三甲录取，第一甲赐进士及第，第二甲赐进士出身，第三甲赐同进士出身。武则天创制于神都紫微宫洛城殿，殿试第一名称为状元。制度化的殿试始于北宋，北宋嘉祐二年（1057）宋仁宗亲自主持殿试，宣布殿试不淘汰考生，参加者一律录取，此后只是根据考试成绩给考生排名就成为定制。明清后殿试分为三甲：一甲三名赐进士及第，称状元、榜眼、探花；二甲赐进士出身，第一名通称传胪；三甲赐同进士出身。

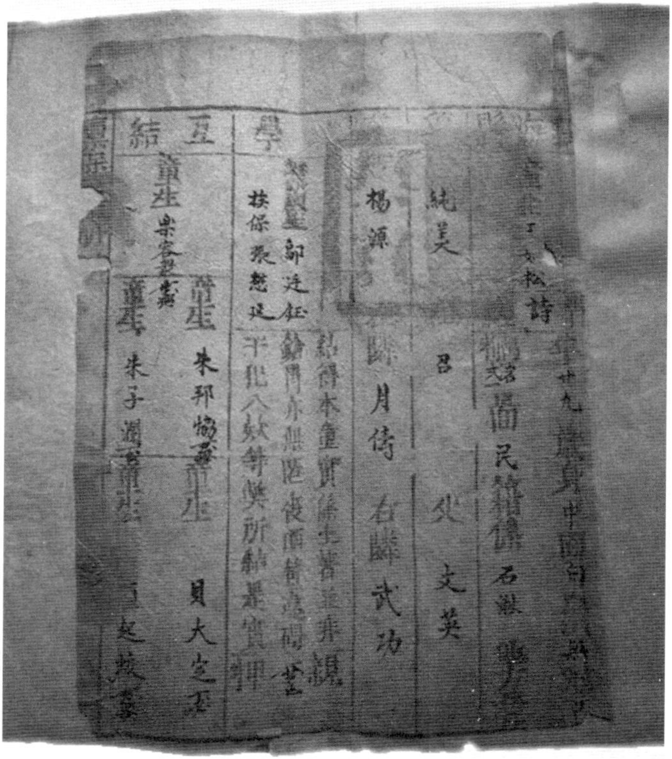

清代乡试准考证

44. 状元、榜眼、探花分别指的是什么？

答：状元、榜眼、探花是指科举殿试时候录取的考生，第一甲录取三名，第一名称状元，第二名称榜眼，第三名称探花，合称为三鼎甲。据清人赵翼的《陔余丛考》推测，大约从明代开始，状元专指殿试第一名，榜眼专指第二名，探花专指第三名，最终成为定式。

状元这一名称的由来可以追溯到唐代。按唐代的规矩，举人赴京应礼部试者须投状，因此称居首者为状头，故有状元之称。五代王定保《唐摭言·谢恩》：“状元已下，到主司宅门下马，缀行而立，敛名纸通呈。”状元授翰林院修撰，榜眼、探花授翰林院编修。

中状元称为“大魁天下”，虽然有一部分状元最后平平，甚至有品德低劣者，但整体而言，状元中还是有较高比例的德才兼备者。

榜眼之名始于北宋太宗太平兴国五年。初时第一名称状元，第二、三名俱称为榜眼，意思是第二、三名分立状元左右，如其两眼。据清人赵翼在《陔余丛考·状元榜眼探花》中考证：“北宋时第三人亦呼为榜眼。盖眼必有二，故第二、第三人皆谓之榜眼，其后以第三人为探花，遂专以第二人为榜眼耳。”《称谓录》记载：“榜眼名目，始于北宋。古者原以第二、三两名为一榜眉目；眼必有二，故第二、第三皆为榜眼。后以第三为探花，遂专以第二为榜眼。”因此，“榜眼”的概念就是旧时科举之制，给以廷试一甲第二名的称谓，作为科举术语广泛使用则是自宋朝开始。

探花一词在五代、北宋时期出现极少，探花被作为进士第三名代称的时间难以确考，“探花”最早出现是在唐朝，但当时并非指殿试进士的第三名。宋之时正式有探花，宋代吴自牧《梦粱录·士人赴殿试唱名》：“伺候上御文德殿临轩唱名，进呈三魁试卷，天颜亲覩三魁，排定名姓资次……第一名状元及第，第二名榜眼，第三名探花。”据清人赵翼的《陔余丛考》推测，大约从明代开始，状元专指殿试第一名，榜眼专指第二名，探花专指第三名，才最终成为定式。

45. 汉代的察举制度是如何发展演变的?

答：察举是汉代的选官制度，是对前期选官制度的改革，对后来的选官制度产生了很大影响。

夏、商、西周本实行“世卿世禄制”。春秋战国时期，为了富国强兵，在群雄中胜出，各诸侯国统治者改革旧有制度，任用一些地位低下而才干出众的人。战国时期出现以军功取爵的制度，且兴起养士之风，招揽有才干的人，不论出身。秦时以辟田和军功为选官依据，使得秦在当时诸雄中迅速崛起。这种以能力不以血缘选官的制度成为后来选官制度的先声。

到了汉代，为了适应国家统治的需要，建立了一整套选拔官吏的制度，名为“察举制”，主要特征是由地方长官在辖区内随时考察、选取人才并推荐给上级或中央，经过试用考核再任命官职。察举是自下而上推选人才，也叫“选举”。汉高祖刘邦就下求贤诏，要求郡国推荐具有治国才能的人。其后，惠帝、吕后诏举“孝悌力田”，察举开始有了科目，也为下层有才之士凭借才能和品行选官造就了声势。

“察举”即经过考察后进行荐举，很明显，这种凭借考察能力选官的方式与先秦乡里举荐制度有关。具体而言，是皇帝下诏指定举荐科目，由丞相、诸侯王、公卿和郡国守按科目要求考察和举荐人才；应举者按不同的科目进行考试，考试由皇帝出题策问，或由丞相、御史二府及九卿策试；根据对策的成绩高下分别授官或为郎官候补，考试地点在京城的太常寺或公车司马署等处。

察举中比较重要的有“孝廉”，此外还有各种其他的科，如最主要的特科“贤良方正”，目的为“广开言路”，在汉代以后曾长时间实行，后演变为唐代科举的制科之一。

一般说来，西汉以举贤良为盛，东汉以举孝廉为盛，此外，还有茂才、光禄四行、贤良方正、贤良文学、直言极谏等科。但是东汉桓帝、灵帝以后，“举秀才，不知书；察孝廉，父别居”，可见当时的察举已经堕落，到魏晋之时退居次位。

虽然察举制度在后来衰败了，但这种举贤授能、将最优秀的人才吸纳到统治阶层的方法，对中国的政治、文化、科技和诸制度的方方面面都产生了影响；选贤授能的选官方式与考察方式，对后来的科举制更是产生了直接影响。

46. 姓氏、名字、姓名之间有何区别？

答：姓氏、名字、姓名等是与上古人所在部族相关的个人身份标记。

姓是一种族号，中国人的姓氏最早都与母系社会有关，姓字本身就是左边一个女、后边一个生，可见最初是女性的专利。最早的一些姓，如周王室及其同姓封国如鲁、晋、郑、卫、虞等国都是姬姓；异姓封国如齐姓姜、秦姓嬴、楚姓芈、越姓姒等，还有妊、妘、姞、姚等也都与女字有关。具体到某一姓的来源，可能有若干种。

氏是姓的分支，一姓的子孙繁衍，一族分为若干分支，散居各地，每支均以“氏”相辨识，姓就成了旧有的族号，氏就成了后起的族号。例如相传商人祖先姓子，后来分为殷、时、来、宋、空同等氏。《通鉴·外纪》说：“姓者，统其祖考之所自出，氏者，别其子孙之所自分。”《通志·氏族略》说：“三代之前，姓氏分而为二，男子称氏，妇人称姓。氏所以别贵贱，姓所以别婚姻……三代之后，姓氏合而为一。”说明了“姓”和“氏”的区别与联系。

上古同姓不通婚，姓用来“别婚姻”，因此，姓对贵族妇女来说特别重要。对贵族男子来说则氏更为重要，因为氏“别贵贱”，代表了血统。“氏”在上古也可以用于称呼妇女，即在其姓下加“氏”字，例如武姜被称为姜氏。

氏来源较为复杂。诸侯以受封的国名为氏，例如一是封国诸侯以其封地冠以国君之名，叔鲜封于管地则叔鲜又称为管叔鲜，叔度被封于蔡，故称蔡叔度，卿大夫及其后裔则以受封的邑名为氏。此外，还有以谥号、技等为氏的，不一而足。

名和字是指代人的称号，在古代是分开的，但意义上有关联。旧说上古婴儿出生三月后由父亲命名，男子二十岁举行冠礼时取字，女子十五岁许嫁举行笄礼时取字，名和字有意义上的联系，例如屈原名平字原，又如颜回，字子渊，“渊”就是“回水”。有的名和字是同义词，例如宰予，字子我，“予”和“我”同义。名字的称呼方式与双方尊卑有关，尊称卑称名，卑自称也称名；对平辈或尊辈则称字以表尊敬，但称字不是最尊敬的方式，最尊敬的方式是不称名也不称字。《论语》中，孔子自称为丘，是谦称。孔子对弟子和弟子自称均称名，《论语·先进》中孔子问弟子：“求，尔何如？”“由也为之，比及三年。”

如此可见，姓氏、名字，作为人们的代号，其实隐藏着部落和历史发展的痕迹，体现了中国的伦理道德和文化。

47. 什么是庙号、谥号、尊号、年号？

答：庙号是封建皇帝在谥号前的号，在庙中被供奉时所称呼的名号即庙号。

一般认为，庙号起源于商代，如太甲为太宗、武丁为高宗。庙号最初非常严格，按照“祖有功而宗有德”的标准，开国君主一般是祖，继嗣君主有治国才能者方能为宗。

周代确立谥号制度后，庙号制度被废止。但汉代又承袭了庙号这一制度，汉时起每个朝代的第一个皇帝一般称为太祖、高祖或世祖，以后的嗣君则称为太宗、世宗等等。

最开始，不是所有皇帝都有庙号，如刘邦是开国君主，有庙号为太祖，但两汉皇帝极少有庙号。曹魏之时，“祖”开始泛滥，十六国时期后赵、前燕、后秦、西秦等小国帝王庙号也都称祖。唐代普通皇帝一般都有庙号。

一般来说，庙号的选字并不参照谥法，但是也有褒贬。开国皇帝多为太祖、高祖，继承并扩大基业者多为世祖、太宗，守成者多为世宗、高宗，以“仁”“孝”“睿”等为庙号的，多为贤明君主。唐以前对先皇帝简称谥号，不称庙号；唐以后，谥号加长，不便称呼，就以庙号如唐玄宗、宋太祖称之。

谥号是一些具有固定含义的字，君主、诸侯、大臣、后妃等具有一定地位的人死去后，生平事迹与品德修养被给予带有评判性质的称号，迟至周穆王前后就已经比较多了。“谥号”也可授给皇帝外的学者名流，有的谥号甚至成为别名，如曾文正（曾国藩）、岳武穆（岳飞）、陶靖节（陶渊明）等。

谥号大致可以分为三类，一是颂扬的，例如“文”是“经纬天地”，“景”是“布义行刚”，“武”是“威强睿德”，“惠”是“柔质慈民”；二是批判的，例如“灵”是“乱而不损”，“炀”是“好内远礼”，“厉”是“暴慢无亲”“杀戮无辜”；三是同情的，例如“哀”，指“恭仁短折”，愍指“在国遭忧”，例如晋哀公、楚愍王。

秦始皇统一中国后，自称为始皇帝，废除谥法。汉时恢复谥法，相关制度也日趋严密。唐宋时期为谥法发展时期，谥法也成为统治手段。明清时期，谥法基本固定下来，各层级人员的谥号字数和授予规则均相对固定。

尊号即尊崇帝后为之所上的称号，始于秦代，《史记·秦始皇纪》记载李斯等与博士有“臣等昧死上尊号，王为‘泰皇’”之语。继位皇帝尊前皇帝为太上皇，尊前皇后为皇太后、太皇太后，也称上尊号。唐代时为皇帝上尊号之风大盛，有生前奉尊号的，也有死后追上的，有的帝王活着的时候都可以被奉上好几次尊号。

年号是封建皇帝纪年的名号，意味着新君君临天下、宣示正统，以此，一个政权使用另一政权的年号被认为是藩属、臣服的重要的标志之一。年号始于汉武帝，他即位之年（前140）称为建元元年，第二年称为建元二年，等等。新君即位大多会颁行新年号，称为改元，但同一皇帝在位时也可以改元，汉武帝就曾经多次改元。明清时期皇帝基本不改元，年号也可以对应皇帝称谓，例如明世宗更多时候被称为嘉靖皇帝。

庙号、谥号、尊号、年号这一系列称号都强调了皇帝之德行与尊贵地位，因此，它们既强调皇权的威严，也在一定程度上反映了皇帝在位时的理政情况。

48. 什么是避讳，有哪些类别?

答：所谓避讳就是不直称君主或尊长的名字，凡遇到和君主尊长的名字相同的字，则用改字、缺笔等办法来回避。

避讳之起源时间说法不一，一说起源于夏商时期，一说起源于西周，一说起源于春秋时期，清代赵翼《陔余丛考·避讳》主张避讳习俗始于东周。初期避讳，三国以后渐渐避嫌名了，如隋文帝的父亲名忠，因为“忠”“中”同音，所以“中”改为“内”，“中书省”改为“内史省”，李贺不能考进士，所避的“晋”与“进”亦属嫌名。

避讳一是避君主。如汉高祖名邦，以“国”代“邦”，汉文帝名恒，“恒”改为“常”，《道德经》“道可道，非恒道”被改为“非常道”。出于避讳，甚至典籍中前朝的名或姓也被改变，如汉文帝名恒，春秋时的“田恒”被改称“田常”；汉景帝名启，“微子启”被改称“微子开”。

避讳还有避家讳。淮南王刘安的父亲名长，“长”遂改为“修”，《老子》“长短相形”句在《淮南子·齐俗训》中改为“短修之相形也”。司马迁的父亲叫“司马谈”，《史记》中“张孟谈”改为“张孟同”，“赵谈”则改为“赵同”。比较悲剧的是唐代诗人李贺，其父名“晋”，与“进”同音，故李贺一生不能举进士。

还有一种避讳是为贤者讳，指对圣人贤者避讳，既有朝廷规定的圣人讳，又有出于尊崇而自发的为圣贤避讳，如避孔子讳的有宋代改瑕丘县为瑕县。除避孔子讳外，还有避孟子、老子、黄帝、周公等，但为贤者讳不像国讳、家讳那样严格。

以讳字之外的字或者形态代替讳字，就出现了改字或缺笔还有空字等，一是改字，如《史记·秦始皇本纪》中，秦时的“正月”避嬴政讳被改为“端月”。二是缺笔法，即用本字而省缺笔画，约始于唐初，如为避唐太宗李世民，将“世”少中间一竖，或是“民”字少最后一勾。还有空字法，即是将本字空而不写，或画以“□”，或书以“某”字，或直书以“讳”字，许慎著《说文解字》时把禾部的“秀”字、火部的“炟”字都空其字而不列，只注上“上讳”二字，这是为了避汉光武帝刘秀、汉章帝刘炟的名讳。

作为中国文字书写方面最为常见的现象之一，避讳不仅是文字形式上的变化，也是一种思想统治手段。了解常见的避讳现象对古籍阅读和理解很有好处，作为政治文化现象的避讳也相当有研究价值。

49. 什么是“五礼”？

答：“五礼”是古代汉族的礼仪总称，包括吉礼、凶礼、军礼、宾礼、嘉礼。《史记·五帝本纪》：“修五礼五玉三帛二生一死为挚，如五器，卒乃复。”

“五礼”中最重要的是“吉礼”，主要是指对天神、地祇、人鬼的祭祀典礼。其中被祭的天神是指昊天上帝、日月星辰、司中、司命、雨师等，被祭的地祇是社稷、五帝、五岳、山林川泽以及其他小的神，被祭的人鬼有先王、先祖等。《周礼·春官·大宗伯》：“大宗伯之职，掌建邦之天神、人鬼、地祇之礼，以佐王建保邦国，以吉礼事邦国之鬼神祇。”

“凶礼”是与家国忧患等有关的礼仪活动，有丧葬礼、荒礼、吊礼、恤礼等，后多特指丧葬等礼仪。《周礼·春官·大宗伯》：“大宗伯……以凶礼哀邦国之忧。”

“军礼”是有关军事方面的礼仪活动，如召集和整顿军队，检阅车马人众，田猎，建筑城邑，征集徒役，整修疆界、道路、沟渠等。《周礼·春官·大宗伯》：“大宗伯……以军礼同邦国。”

“宾礼”是邦国间的外交往来及接待宾客的礼仪活动，如天子接受诸侯朝觐、诸侯遣使来聘、迎劳诸侯、受诸侯国使者表币贡物、宴诸侯或诸侯使者。《周礼·春官·大宗伯》:“大宗伯……以宾礼亲邦国，春见曰朝，夏见曰宗，秋见曰觐，冬见曰遇。”

“嘉礼”是国家具有喜庆之事时所行的礼仪，也用于沟通人际关系、联络感情，如君主登基、册皇太子、策拜王侯、节庆朝贺、婚礼、冠礼、宴飨、乡饮酒等，有时则特指婚礼。《周礼·春官·大宗伯》:“大宗伯……以嘉礼亲万民，以饮食之礼亲宗族兄弟，以昏冠之礼亲成男女，以宾射之礼亲故旧朋友。”

吉礼、凶礼、军礼、宾礼、嘉礼这五种礼节比较全面地涵盖到了天子与诸侯及至普通百姓的大事小情，将等级尊卑的秩序与各种仪式融合起来，维系着社会的稳定，今天仍旧值得我们在批判的基础上继承。

50.“成丁礼”“士冠礼”“冠礼”“笄礼”是什么?

答:“成丁礼”“士冠礼”“冠礼”“笄礼”是古代不同时期的成人仪式，“成丁礼”是最早的成人礼，发展到后来，越来越繁复，就有了“士冠礼”等。

“成丁礼”是氏族社会时期的成人礼，男女青年发育成熟后，必须参加“成丁礼”，通过严格的体力和智力考验，表现出自己的能力，才能成为氏族公社的正式成员，享受相应的权利，也被要求履行应尽的义务，这是后来系列成人礼的起点。

进入西周后，礼制更为繁复而严谨，成丁礼便化为最为重要的礼，即士冠礼。所谓士是指享有国人资格的所有男女，士冠礼就是给长大成人的男女加冠，认定其成人身份的礼仪。士冠礼是群体对个体成人身份的确认，而不是家长对子女身份的确认，因此不由家长决定，也不由家长主持，家长与加冠者一样都是士冠礼中的当事人；以加冠者身份不同，士冠礼分别由有德行的乡老、族长以至国君或特定大臣动议主持。

士冠礼分为两大礼程，第一程是预礼，第二程是正礼。预礼是正式加冠前的礼仪程式，有若干重要环节，一是“筮日”，即以占卜确定冠礼日期；二是戒宾、筮宾、宿宾；三是“约期”，即商定冠礼开始的具体时间；四是“设洗”，即为加冠者礼前沐浴与当日特定梳洗。正礼是加冠之日的礼仪程式，完整的次序有十项，包括“陈服器”“迎赞者入庙”“加冠”“宾醴冠者”等。

“冠礼”“笄礼”是在成丁礼的基础上发展而来的。冠礼是跨入成年人行列的男子的加冠礼仪。《礼记》中说：“夫礼，始于冠”，“男子二十，冠而字”。行礼前先定筮日，即确定加冠日期，筮宾即选定加冠来宾。行礼时由来宾加冠三次：先加缁布冠，然后加皮弁冠，最后加爵弁。来宾敬酒后，即拜见仪式确定的母亲，又由来宾取字，再去见兄弟姑姊，最后戴礼帽、穿礼服、带礼品去见国君、卿大夫和乡人。仪式最后，主人向来宾敬酒，还要回赠礼品。

笄礼是女子的成人礼，贵族女子十五岁可以嫁人，要举行笄礼以表示少女时代结束了，成了可以结婚的成年女子。笄礼一般是在家庙中举行，也可以在别的重要地方如孔庙等举行。

笄礼首先也是占卜以确定良辰吉日和所邀请的来宾。笄礼中的重要一步就是把头发挽成一个髻，然后用黑布包住，再插上簪子固定发型。和冠礼一样，笄礼也要加三次，第一次加发笄，行跪拜礼，表感谢父母养育恩；第二次加发钗，跪拜正宾，感谢师长和长辈；第三次加钗冠，跪拜上天，表明敬事神明。

“成丁礼”“士冠礼”“冠礼”“笄礼”这些不同时期的成人仪式都表明了我国古代社会对个体成长的重视，其中仪式的具体步骤和寓意体现了中国伦理和家族观念，直到现在仍旧有一定参考和借鉴意义。

51. “嫁”“归”“娶”在古代是什么意思？婚姻中的“六礼三书”是什么？

答：“嫁”和“归”都是指女子出嫁，“娶”则是指男子结婚。《说文》中说：“嫁，女适人也。”“归”指的也是女子出嫁，《说文》说：“归，女嫁也。”在封建社会里，出嫁女子以夫家为家，所以，嫁就是“归”家。《白虎通》说：“嫁者，家也。”

“娶”是指男的娶亲，《周易》和《诗经》均写成“取”，说明男子是把别家的女儿“取”到自己家里来。《白虎通》说：“娶者，取也。”《说文》说：“娶，取妇也。”《齐风·南山》说：“取妻如之何？匪媒不得。”女子之嫁是被动的，嫁的权力操控在父兄之手，故有“嫁女”或“嫁妹”，而没有“嫁夫”；男的则是将女的“取”回家，《幼学琼林·卷二·婚姻类》：“女嫁曰于归，男婚曰完娶。”可见家庭中的男尊女卑。

家庭是社会的最小单元，婚姻则是缔结家庭获得社会承认的必备之路，所以婚礼是“礼之本”。《礼记·昏义》载：“昏礼者，礼之本也。夫礼始于冠，本于昏。”婚礼有相应的复杂的礼，即“六礼”。

第一步是“纳采”，俗称议婚或说媒，请媒人到女方家中说媒，了解女方对亲事的基本态度，媒人通常以活雁作礼到女方家提亲。第二步是“问名”，也叫合八字，即媒人将写有女方出生年、月、日、时的八字庚帖送到男方家，男方置于祖先案上，如果几天内男方家均家宅平安，则再将男方八字送至女方，女方在接受八字三天内，早晚烧香祭拜。男女一方若出现不祥之事都意味着不合。第三步是“纳吉”，又称小定或文定，也就是订婚，即八字相合又卜得吉兆的话，男方就会请媒人致赠礼物并通知女方定下婚事。第四步是“纳征”，也称大聘或完聘，男方选定吉日到女方家中举行订婚大礼，通常在婚礼前十天至一个月内进行。男方要准备聘金和礼物，等于宣告订婚，要送比较贵重的聘礼。第五步是“请期”，也称择日，由男方家选定婚期并请示女方家同意。第六步是“亲迎”，即正式举行婚礼，新人八字都写在红纸上，请人择定黄道吉日，媒人奉送双方同意后举行迎亲仪式。六礼之中，纳征和亲迎最为重要。

“三书”指在六礼中所使用的文书，可以说是婚姻过程中的文字记录和婚礼的文字凭证。它包括“聘书”，即订亲之文书，是纳吉之时男方家交予女方家之书柬；“礼书”，即在过大礼时所用的文书，列明礼品的名称和数量；“迎书”，即迎娶新娘之文书，是迎接新娘过门时男方送给女方的文书。某些时候，没有完成三书六礼的婚姻便不被承认，而嫁娶仪式的完备与否在人们看来也直接影响到婚姻的美满与否。

中国古代的嫁娶观念和三书六礼表明了古人对婚姻和家庭的重视，但也渗透出男尊女卑的观念，古代的婚姻观念和仪式都对我国的传统文化有着深层的影响，我们当代要有选择地汲取。

52. 中国古代的丧葬仪式和程序主要有哪些?

答：丧葬对人类有着特殊意义，意味着人的归去，中国各地的具体丧葬仪式区别较大，不同身份的死者、在仪式过程中的具体行为规则都有详细的规定，《礼记·丧大记》中对丧葬仪式有详细解析，但也有一些共同或者近似的基本仪式，其重要环节依次有“属纩”“敛”“殡葬”等。

“属纩”是指人将死时的仪式，“属”是放置之意，“纩”是新絮，据说是将新絮放在临终之人的口鼻上看其是否断气，“属纩”由此成为临终的代称。属纩之前，生者为将逝者换衣服：“彻亵衣，加新衣，体一人。男女改服。属纩以俟绝气。”新死后，生者要上屋面向北方召唤死者灵魂回复到身体，这叫作“复”；复而不醒才办理丧事。复的场所和衣着等都有详细规定，《礼记·丧大记》中说：“小臣复，复者朝服。君以卷，夫人以屈狄；大夫以玄赪，世妇以襢衣；士以爵弁，士妻以税衣。”死之后，家人等相关人士要哭，哭同样有具体规定。

“敛”（殓）是指死后的仪式，分小敛和大敛。《礼记·檀弓上》说：“小敛于户内，大敛于阼”，即小敛在寝室门内进行，大敛在堂上当东阶处进行。小敛是给尸体里上衣衾，越是贵族，衣衾越多。敛之前，会有人来吊唁，主人和主妇都需有相应的礼数和仪容整理，《礼记·丧大记》载：“小敛，主人即位于户内，主妇东面，乃敛。卒敛，主人冯之踊，主妇亦如之。主人袒说髦，括发以麻，妇人髽，带麻于房中。”

大敛则是把尸体装进棺材，其程序是先铺好包扎敛衣和尸体的布带，再铺上一条单被和两条夹被，敛时死人口里须“饭含”（《周礼·地官·舍人》）；关于饭，“君用粱，大夫用稷，士用稻”；关于含，“天子含实以珠，诸侯以玉，大夫以玑，士以贝，庶人以谷实”。

“殡葬”现在连用，但古代是有区分的。

“殡”是入殓后的停丧待葬，“葬”则是指将尸体置于土里。“殡”是停柩，如《礼记》：“周人殡于两阶之上。”《左传·僖公三十二年》：“冬，晋文公卒。庚辰，将殡于曲沃。”所谓出殡一般是指把灵柩送到埋葬的地方去。

“殡”之后就是“葬”，所谓“葬”是指将人埋进土里时的仪式，作藏解。《礼记》：“国子高曰：葬也者，藏也。藏也者，欲人之弗得见也。”早期会用人俑陪葬，后来才主要以物品随葬，随葬物品是多种多样的，包括青铜制的饮食器、兵器、乐器和玉制骨制的装饰品以及其他物什等。

作为人类处理遗体的方式，殡葬仪式不仅是一个物理过程，更体现了先人对生老病死的态度，殡葬文化也曲折地体现了古代中国的社会阶层形态，其民俗形式和意义都具有重要的研究价值。

53. 古代宗法制度是如何演变与发展的?

答：宗法制度是古代中国王族贵族按血缘关系分配国家权力以建立世袭统治的一种制度，由父系氏族社会家长制演变而来，宗族组织和国家组织合二为一，宗法等级和政治等级完全一致。

大小宗是周代宗法制度中宗族的分类，与层层分封制是相对应的，宗族内分为大宗和小宗，大宗和小宗是相对而言的。周王自称天子，是天下的大宗，其嫡长子以外的儿子被封为诸侯，相对周王是小宗。诸侯对天子而言是小宗，但在他的封国内则是大宗，其儿子被分封为卿大夫。卿大夫对诸侯而言是小宗，但在他的采邑内则是大宗。从卿大夫到士也是如此。因此各级的嫡长子总是不同等级的大宗（宗子），嫡长子之外的则为小宗。

在宗法上，大宗比小宗尊贵，嫡长子比其余诸子尊贵。嫡长子被认为是继承始祖的，称为宗子，享有对宗族成员的统治权和政治特权，有主祭始祖的特权，也是主要的财产继承人。嫡长子受作为大宗的父和君统治，在家族内部是以兄统弟，与政治上以君统臣相结合，在国和家的范围内都保证了上对下的统治，且能够稳定地代代相传，这就维护了统治阶级内部的秩序。

昭穆是中国宗法制度对宗庙或墓地的辈次排列规则和次序。宗庙分昭穆，《周礼·春官·小宗伯》:“辨庙祧之昭穆。”郑玄注:“父曰昭，子曰穆。”祭祀也分昭穆，《礼记·祭统》:“夫祭有昭穆。昭穆者，所以别父子、远近、长幼、亲疏之序而无乱也。”后来昭穆这一词也用来泛指宗族。

大小宗和昭穆制度确定了贵族内部的长幼尊卑，不仅如此，这种以嫡长子为中心，层层听令于嫡长子的宗法也是维护整个封建社会统治的基本制度。宗教制度确立于夏朝，发展于商朝，完备于周朝，影响到后来的各封建王朝，对中国传统社会制度、文化都有重大影响。

54.“五服”是指什么？

答：“五服”指居丧时所穿丧服的五个等级，由生者和死者血缘关系的亲疏远近决定。《尚书·皋陶谟》：“天命有德，五服五章哉。”孔传：“五服：天子、诸侯、卿、大夫、士之服也。”九族之内，包括直系亲属和旁系亲属，为有服亲属，死需服丧。

《丧服》篇上所说的服制主要有八：斩衰三年、齐衰三年、齐衰杖期、齐衰不杖期、齐衰三月、大功、小功、缌麻，习俗所指五服是其中的斩衰、齐衰、大功、小功、缌麻。

斩衰最重，披在胸前的丧服上衣叫衰，下衣叫裳，衰是以最粗的生麻布制成，衣旁和下边不缝边，故名斩衰。子为父、父为长子、妻妾为夫、未嫁女为父都是斩衰，为期三年，实际上是两周年。

齐衰次于斩衰，以粗麻布制成，缝边整齐，故名齐衰。齐衰分为几种，有三年期，即父卒为母、母为长子的丧服；有一年期，丧礼中执杖，是父在为母、夫为妻的丧服；还有一年期而不用杖，是男子为伯叔父母、为兄弟，已嫁女儿为父母等的丧服；还有齐衰三月，为曾祖父母的丧服等。

大功次于齐衰，以粗熟麻布制成，为期九个月，男子为出嫁的姊妹和姑母、堂兄弟和未嫁的堂姊妹、女子为丈夫的祖父母伯叔父母和自己的兄弟等。

小功又次于大功，衣服比大功服更精细，为期五个月，男子为从祖祖父、从祖祖母、从祖父等，以及女子为丈夫的姑母、姊妹与娣妇、姒妇等也是小功。

缌麻是五服中最轻的一种，衣服比小功服更精细，为期三个月，男子为族曾祖父与族曾祖母、族祖父与族祖母、族父与族母、族兄弟等都是缌麻。

五服的丧服制度在界定亲疏关系时候，还表现出明显的封建伦理观。其一是有男尊女卑的倾向，如妻为夫居丧三年，夫为妻服丧只有一年，二是嫡庶分明，庶子为嫡母服丧三年，但是嫡子不为庶母服丧，后来改为一年丧。三是表现了血统亲疏的等级，以五服以内为亲，五服以外为疏，古人讲到亲戚关系时，常常用此来表示亲疏远近。

五服虽然是丧服制度，但是，由于它强调了亲缘关系，因此在分别亲疏辈分的同时，也强调了同一宗族内部的血缘联系，这在很大程度上也保证了中国家族的凝聚力和社会的稳定性。因为其与宗族血缘有关，因此也被用来指称宗族亲戚关系，实际是再次强调了作为中国传统社会核心与基础的宗法制度。

图之服正服五族九宗本

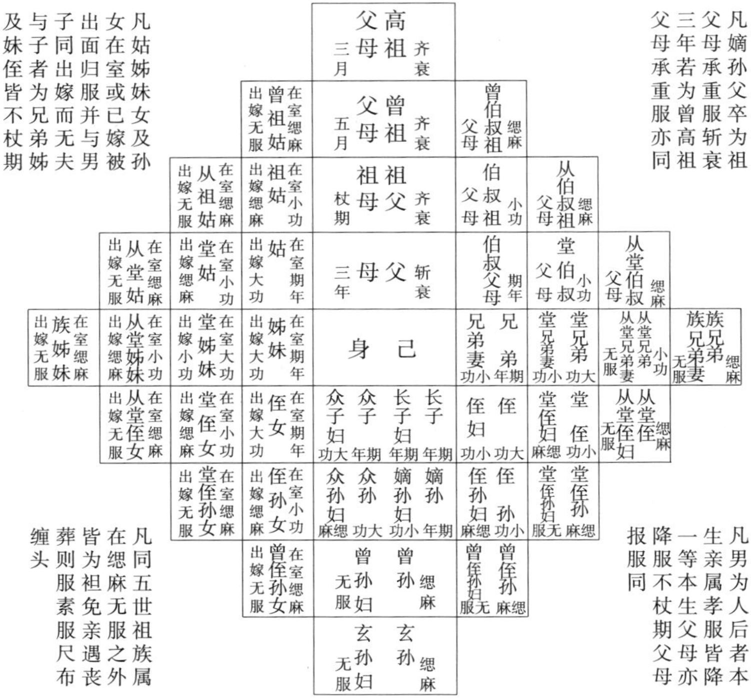

五服关系图

55. 古代房屋建筑中有哪些基本结构？

答：中国古代房屋建筑中，基本结构有“宫”“室”“堂”“房”“序”“户”“向”“牖”等，互相关联又有所区别。

《尔雅·释宫》：“宫谓之室，室谓之宫。”宫和室是同义词。

区别开来说，宫是总名，指整所房子，外面有围墙包着，室只是其中的一个居住单位。宫本来只指一般的房屋住宅，所有人的住房均可称宫，但秦汉以后，宫成为天子与君主等住所的专称。

“堂”与室相连，建在同一个台基上的结构，在居室建筑的中轴线上，堂无前壁，相当于一个有顶有柱的高台，堂前有阶，要到堂必须历阶而上，所以是“升堂”，只到了堂上，是无法得知主人家中的实际情况的。

“室”是人们居住、休息和睡眠的私密场所，有“户”与外相通，进入堂后方得入室，室的格局也不是很严格，主要为方便休息。

“房”在室的东西两侧，有东房和西房。《说文》:“房，室在旁也。”“房”之所以命名为“房”，是因为在室之“旁”。

“序”是堂东西两壁的墙，堂内靠近序的地方也就称为东序、西序。

“户”,《说文》:“一扇曰户，两扇曰门。又在于堂室东曰户，在于宅区域曰门。”古书上所说的户通常指室的户,《仪礼·聘礼》:“未有入室而不由户者。”

“牖”,《说文》:“穿壁以木为交窗也。”段注:“交窗者，以木横直为之，即今之窗也。”是室和堂之间的窗子。《论语·雍也》说:“伯牛有疾，子问之，自牖执其手。”

“向”是室的朝北的窗,《说文》:“向，北出牖也。”

住房结构不仅与生活日常有关，也是举行仪式的空间，因而具有一定的仪式意义。了解古代宫室空间的区别，会对我们理解古代家庭文化有所帮助。

56. 古人讲“乘马”是何意？

答：古人所谓“乘马”也就是“乘车”。战国以前，马是专为拉车用的，所以车马相连，一般来讲，没有无马的车，也没有无车的马。《论语·雍也》讲：“赤之适齐也，乘肥马，衣轻裘。”这里所说的“乘肥马”指的就是乘坐肥马驾的车。

在中国古代，驾二马为骈，驾三马为骖，驾四马为驷。《论语·季氏》：“齐景公有马千驷。”这里的“千驷”不是说他有四千匹马，而是说他有一千乘四匹马拉的车。马车供人乘坐的车厢称作“舆”，“舆”大多是方形或长方形的，前面和两旁以木板为屏蔽，乘车的人从“舆”的后面上车。“舆”两旁的木板可以倚靠身体，叫作“輢”，“舆”前部的横木可以凭倚扶手，叫作“轼”。《论语·乡党》中说孔子“升车必正立执绥”，这里的“绥”指的是车上的绳子，供人上车时拉手用的。

另外，古人乘车是站在车舆里的，所以乘车的方式叫作“立乘”，但是妇女不能立乘，《礼记·曲礼上》载“妇人不立乘”。

57. 什么是辋、辖、辕、轫？

答：古代车轮的边框叫作“辋”，车轮中心有孔（孔是用来穿轴的）的圆木叫“毂”，“辋”和“毂”成为两个同心圆。《道德经》第十一章讲“三十辐共一毂”，这里的“辐”是一根根的木条，一端接辋，一端接毂，四周的辐条都向车毂集中，叫作

"辐辏"。后来"辐辏"引申为从各方聚集的意思,《汉书·叔孙通传》讲"人人奉职,四方辐辏",就是用来比喻四方的人才或货物像车轮上的辐条聚集在毂上那样汇集到一处。

车上驾着车舆,两端套着车轮的横梁是"轴",轴的两端露在毂的外面,上面插着一个三四寸长的销子,以免车轮外脱,这些销子的材质多为青铜或铁,叫作"辖"。据《中国考古学大辞典》讲,铜质的辖出现于西周早期,铁质的辖汉代以后开始出现。《淮南子·人间训》载"夫车之所以能转千里者,以其要在三寸之辖",可见辖是车上很重要的零件,这个字后来引申为管辖的意思。

"辕"是引车、驾车的横木,后端与车轴相连。商周时期的车大多是独辕,汉代以后的车多为双辕,《左传·宣公十二年》讲"军行,右辕,左追蓐"。在古汉语中,辕和辀是同义词,就其区别来讲,辕是夹在牲畜两旁的两根直木,适用于大车,辀是驾在当中的单根曲木,适用于兵车或田车。所以《左传·隐公十一年》讲:"公孙阏与颍考叔争车,颍考叔挟辀以走。""辕"和"辀"的功能是连接马和车,其形制往往决定于马的高度。

"轫"不是车子的组成部分,而是支住、阻止车轮转动的一块木头。行车启动时,先要把这块木头移开,所以启程称为"发轫"。

58. 什么是"骖乘"和"骖服"?

答:"骖乘"亦作叁乘。在中国古代,坐车陪乘的人称为

“骖乘”。按照古制，一车乘三人，古代以左方为尊，所以乘车时尊者在左，御者在中，另有一人在右陪乘，这陪乘的人叫作骖乘，也叫作车右。

兵车情况有所不同，乘兵车时，主帅居中，自掌旗鼓，以便指挥作战，御者在左，陪乘在右，同样负有保护主帅的职责，行车遇到障碍时则下车推助，称为车右。如果是没有主帅的普通兵车则一般多是御者居中，左边甲士持弓，右边甲士持矛。《尚书·甘誓》载：“右不攻右，汝不恭命。”孔安国传曰：“右，车右。”

古代驾车的马如果是三匹或四匹，便有骖、服之分。两旁的马叫作骖，中间驾辕的马叫作服。另一种说法是，“服”左边的马叫作“骖”，“服”右边的马叫作“騑”。笼统地讲，“骖”和“騑”是同义词，泛指拉车的马。

59. 什么是“五谷”“六谷”？

答：上古的粮食作物有“五谷”“六谷”“百谷”之说。“五谷”也就是五种谷物的总称。关于五种谷物的具体所指，在古代有不同的说法：第一种说法认为“五谷”是麻、黍、稷、麦、豆，《周礼·天官·疾医》载：“以五味、五谷、五药养其病。”郑玄注曰：“五谷，麻、黍、稷、麦、豆也。”第二种说法认为“五谷”是稻、黍、稷、麦、菽，《孟子·滕文公上》有载：“后稷教民稼穑，树艺五谷；五谷熟而民人育。”赵岐注曰：“五谷，谓稻、黍、稷、麦、菽也。”《大戴礼记·曾子天圆》北魏卢辩注言“唯豆作菽”，“菽”也就是豆的总称。第三种说法认为“五谷”指稻、稷、麦、豆、麻，《楚辞·大招》云：“五谷六仞，设菰粱只。”王逸注曰：“五谷，稻、稷、麦、豆、麻也。”第四种说法认为“五谷”指粳米、小豆、麦、大豆、黄黍，《黄帝内经·素问·藏气法时论》载：“五谷为养，五畜为益，五果为助，五菜为充。”唐代王冰注指粳米、小豆、麦、大豆、黄黍。明代李时珍的说法则与第一种相同。

按照最一般的说法，“五谷”指黍、稷、麦、菽、麻。黍也就是黄米，上古时代，黍被认为是比较美味的实物，所以《论语·微子》讲：“杀鸡为黍而食之。”稷是小米，在古代很长一段时期内被认为是最重要的粮食，甚至以稷代表谷神，与社神合成社稷，并以社稷作为国家的代称。麦也就是麦子，古代麦有大麦小麦之分，大麦又称为稞麦、牟麦，与小麦的营养成分相近，但纤维素含量更高。菽也就是豆，上古时期称为菽，汉代以后多称豆。麻指大麻子，古代也供食用，《诗经·豳风·七月》讲：“九月叔苴，采荼薪樗，食我农夫。”这里的“苴”说的就是麻子。

“六谷”通常指稻、黍、稷、麦、菽、麻。“六谷”比“五谷”多了一种“稻”，这是因为水稻本是南方的作物，后来才传到北方。至于“百谷”是一种统称，并非指一百种谷物，而是很多谷物的意思。

60. 什么是“三牲”和“六畜”？

答：“三牲”是古代用于祭祀的牛、羊、豕（猪）三种牺牲的统称，《礼记·祭统》载："三牲之俎，八簋之实，美物备矣。"古代祭祀所用的牺牲需要先饲养于牢，因此这类用于祭祀的牲畜称为牢，《礼记·宰夫》云："凡朝觐会同宾客以牢礼之法。"郑玄注曰："三牲，牛羊豕具为一牢。"《书经·微子传》也讲："牛羊豕曰三牲。"三牲根据搭配的种类不同而有太牢、少牢之分。祭祀时，如果三牲都齐全叫太牢，如果只用羊、猪而没有牛，就叫少牢。《吕氏春秋·春纪》云："以太牢祀于高禖。"高诱注曰："三牲具曰太牢。"这是因为在古代牛是最为珍贵的，作为肉食，只有统治阶级才吃得起，比较普遍的肉食是羊肉。太牢与少牢的区分也与祭祀者和祭祀对象有关，一般天子祭祀社稷用太牢，诸侯的其他祭祀则多用少牢。

"三牲"也指夏、商、周三代用于祭祀的牺牲的总称。《小学绀珠·动植类·三牲》有载："夏牲用玄，殷牲用白，周牲用骍。"《礼记·檀弓上》讲："夏后氏尚黑：大事敛用昏，戎事乘骊，牲用玄。殷人尚白：大事敛用日中，戎事乘翰，牲用白。周人尚赤：大事敛用日出，戎事乘騵，牲用骍。"可知，夏代尚黑，祭祀时多用玄色牺牲，商代尚白，祭祀时多用白色牺牲，周代尚赤，祭祀时多用红色牺牲。

在古代"六畜"一般指马、牛、羊、猪、狗、鸡这六种家畜。"六畜"一词始见于《周礼·天官·庖人》："庖人掌共六畜、六兽、六禽，辨其名物。"可知古代先民经过长期的实践努力，已经可以培育出一定的家畜种群。古人区别家畜和野兽的关键在于人所饲养，《左传·昭公二十五年》载："为六畜、五牲、三牺，以奉五味。”孔颖达疏曰：“畜，养也。家养谓之畜，野生谓之兽。”中国古代蒙学读物《三字经》中也讲：“马牛羊，鸡犬豕。此六畜，人所饲。”“六畜”一词渐成为妇孺皆知的常识。

61. 什么是冠、冕、弁、帻？

答：冠、冕、弁是上古的三种头衣。冠是贵族男子所戴的一种特殊“帽子”，这种帽子在样式和用途上与后世所谓的帽子有所不同，它不以保暖或防护为主要功能，而是传统礼制的一个组成部分。据《仪礼·士冠礼》记载：“古者冠礼，筮日筮宾，所以敬冠事。”周朝的士大夫家庭，当男子长到二十岁的时候要举行加冠典礼，长辈将冠戴在他的头上，表示已经成年。此外，朝会祭祀、婚仪典礼、谒见君长等，均须戴冠，以合礼法。可见，冠是贵族服饰的重要标志之一。早期的冠在形制上较小，不能覆盖整个头顶，而是需要通过笄缨固定在发髻上。《说文·冖部》讲：“冠，絭也。所以絭发，弁冕之总名也。从冂从元，元亦声。冠有法制，从寸。”可以想见，古代的冠和今天的帽子并不是一个概念。冠的两旁还有两根丝带，叫作“缨”，可以在颔下打结，《史记·滑稽列传》有载：“淳于髡仰天大笑，冠缨索绝。”

冠又是冕和弁的总称。冕也称“冕冠”或“旒冕”，是一种最为尊贵的礼冠，古代帝王、诸侯以及卿大夫在祭祀的场合佩戴，“冠冕堂皇”这个成语就是形容外表庄严体面的样子。在形制上，冕前方有旒，顶端有板。《淮南子·主术训》载：“古之王者，冕而前旒。”高诱注曰：“冕，王者冠也。”旒的数量视戴冠者身份而定，十二旒最为尊贵，专用于天子，诸侯以下旒数各有等差。“冕板”是一块外黑内红的长方形木板，形状前圆后方，象征天圆地方。冕后来专指皇冠，只有帝王可以佩戴，“冕旒”一词也用作帝王的代称。王维《和贾至舍人早朝大明宫之作》有言：“万国衣冠拜冕旒。”弁也是古代一种比较尊贵的冠，地位次于冕。弁分成爵弁、皮弁，爵弁据说是没有旒的冕，皮弁是尖顶的，类似后世的瓜皮帽。皮弁用白鹿皮缝合而成，缝合之处缀有闪烁发光的玉石，远远看去像天上的星星一样，所以《诗经·卫风·淇奥》中说“会弁如星”。

帻也叫作“帻巾”，最早出现于战国末期，是男子包髻用的头巾，使用时以布帛绕髻一周。扬雄《方言》卷四载：“覆结谓之帻巾。”蔡邕《独断》中讲：“帻者，古之卑贱执事不冠者之所服也。”也就是说，帻有着表征身份贵贱的功能。古代庶人是不许戴冠的，而只能戴帻巾。

玉发冠　宋代

62. 在古代，“衣裳”指什么，裘和袍是什么？

答：古代“衣裳”并举时，“衣”指上衣，“裳”指下衣。《说文解字》载：“衣，依也，上曰衣，下曰裳，象覆二人之形。”所以《诗经·邶风·绿衣》中说：“绿衣黄裳。”“衣”也就是上身穿的衣服，下身穿的衣服叫“裳”。需要说明的是，古代的“裳”不是裤子，而是裙子。上古时期，有裙无裤，直到中古时期，我国男女服装的差别还不是很严格。《庄子·外物》中讲：“小儒曰：未解裙襦，口中有珠。”这里的“襦”是短衣，“裙”就是男女通用的下身衣服。《南史·张讥传》载梁武帝赐张讥以裙襦，可见裙襦也是男人穿的。直到唐宋以后，妇女着裙之风大盛，男子以袍为常服，女子以裙为常服。

上衣下裳的形式在黄帝、尧、舜时期就已经呈现了，是我国最早的衣裳制度。《周易·系辞下》有载：“黄帝、尧、舜垂衣裳而天下治，盖取诸乾坤。”为了表示尊重传统，“衣裳”形制很长一段时间被作为最高级别的礼服形式，后来被广泛运用于指代优雅的学士，所以《后汉书·崔骃传》讲：“方斯之际，处士山积，学者川流，衣裳被宇，冠盖云浮。”今天，“衣裳”泛指衣服。

裘和袍在古代指用来御寒的衣服。“裘”是以动物皮毛制成的冬衣，《说文解字》曰：“裘，皮衣，盖上古衣毛帽皮之遗象也。”《礼记·玉藻》有载：“君之右虎裘，阙左狼裘。”古人穿裘，裘毛是向外的，所以《诗经·小雅·都人士》中讲：“彼都人士，狐裘黄黄。”“袍”也是古人秋冬御寒的衣物，是一种长袄，据说袍里面铺的东西是乱麻，可知袍并不是贵重的衣物。《论语·子罕》有云：“衣敝缊袍，与衣狐貉者立，而不耻者，其由也与？”也就是说，穿裘和穿袍是有贫富差别的。一般来讲，穿袍者地位要低一些，没有财力衣裘才穿袍。汉代以后袍的品种逐渐增多，其地位也就随之提高，并发展成朝服。

明代的朝服上衣

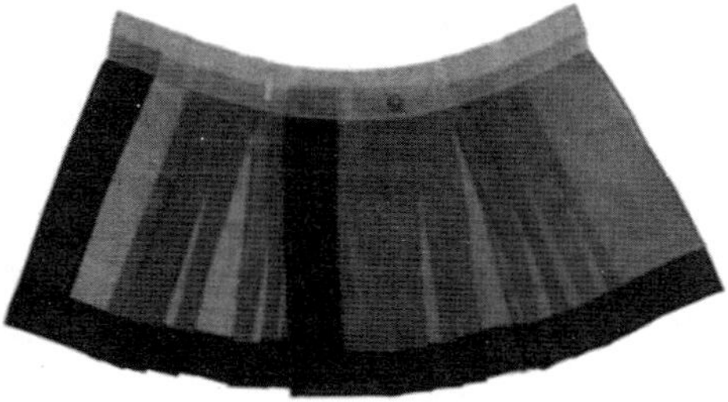

明代的朝服下裳

63.“举案齐眉”的“案”是什么意思？

答：“案”是古代进送食物使用的托盘，也称案几。许慎《说文解字》讲：“案，几属。从木安声。”段玉裁注曰：“《考工记》：‘玉人之事，案十有二寸，枣栗十有二列’，大郑云：‘案，玉案也。’后郑云：‘案，玉饰案也，枣栗实于器，乃加于案。’戴先生云：‘案者，梡禁之属。《仪礼注》曰：梡之制，上有四周，下无足。《礼器注》曰：禁，如今方案，隋长，局足，高三寸。’此以案承枣、栗，宜有四周。汉制小方案局足，此亦宜有足，按许云‘几属’，则有足明矣。”可知案几为木制，有玉装饰，案面呈长方形，下有矮脚。

据文献记载，早在新石器时期就已经有案，案的形制从战国时期发展到隋唐五代逐渐走向成熟。就材质而言，战国时期的案有陶制、木制、铜制，后来有玉案，漆案；就形制而言，早期的案多为长方形，后有方形案、圆形案；从案足上看，案有三足、四足、直足、曲足；就功能而言，秦汉时期的案普遍用来承载食物，到魏晋南北朝时另有书画案、琴案、香案等。

《史记·田叔列传》讲“赵王张敖自持案进食”，南朝宋鲍照《拟行路难》讲“对案不能食，拔剑击柱长叹息”，这两处的“案”都是指木制的盛食物的矮脚托盘。《后汉书·梁鸿传》载：“每归，妻为具食，不敢于鸿前仰视，举案齐眉。”这里讲的是梁鸿居住在吴地时靠给人舂米过活，每次归家，妻子孟光都为他备好食物，送餐时低头不敢仰视，把托盘举得跟眉毛一样高。后来人们把夫妻之间互相尊重，互敬互爱，礼让如宾称作“举案齐眉”。

汉代的滑石案

64. 上古的烹饪器和盛酒器有哪些？

答：上古的烹饪器有鼎、鬲等。盛酒器有尊、觥等。

“鼎”是古代用来煮肉盛肉的器物，也是帝王用来祭祀的礼器。《仪礼·士冠礼》载：“若杀，则特豚，载合升，离肺实于鼎。”许慎《说文解字》讲：“鼎，三足两耳，和五味之宝器也。昔禹收九牧之金，铸鼎荆山之下，入山林川泽，螭魅蝄蜽，莫能逢之，以协承天休。”可知夏禹时代的鼎在形制上有三足两耳，为铜制或铁制，成语“三足鼎立”即由此而来。夏禹收复了九州，于荆山底下铸成九鼎，稳定了政权，夏、商、周三代都以鼎为传国的重器，所以“九鼎”也就成了权重的象征。所以有成语“一言九鼎”。李楠在《中国古代青铜器》中曾讲到，商代的青铜鼎“体量最大，造型最为庄严的是方鼎，它们以其庄严的外观和巨大的体量，给人以神圣不可动摇的印象”。[①] 比如巨型国宝后母戊方鼎在古代就是王权的象征。

---

① 李楠，《中国古代青铜器》，中国商业出版社，2015，52 页。

“鬲”是上古时代烹煮粮食用的烹饪器，《周礼·考工记·陶人》载：“鬲实五鬴，厚半寸，唇寸。”鬲在形制上与鼎相似，为圆形，上为圆口，中间是大肚，下面有三支空心的短足。新石器时代晚期已有陶鬲，商周时期有青铜鬲。后来，鬲也由烹饪器发展为礼器，是古代丧礼中常用的一种瓦瓶。《仪礼·士丧礼》载：“新盆、槃、瓶、废敦、重鬲皆濯造于西阶下。”

“尊”是商周时期一种大型的盛酒器，为青铜器。许慎《说文解字》载：“尊，酒器也。从酋，廾以奉之。《周礼》六尊：牺尊、象尊、著尊、壶尊、太尊、山尊，以待祭祀宾客之礼。”可知作为一种盛酒器，尊的形状非常丰富，就形制来讲，尊为敞口，长颈，圆腹或方腹，圆足。中国国家博物馆藏四羊方尊是目前出土文物中最为著名的尊。此外，还有商代的象尊，商代后期的三羊尊，商代晚期的鸮尊。“觥”也是古代的一种盛酒器，最早见于商代晚期，流行至西周早期。商代晚期的觥多为青铜制，从形制上看，觥盖多为兽形，前端有短流，为兽形的颈部，口部往后略宽，觥身为椭圆形，腹部较深，下有四足。西周时期的觥也有用兕角所制，所以也称“兕觥”，《诗经·周南·卷耳》讲“我姑酌彼兕觥”，指的就是这种兕角所制的盛酒器。觥也可以用作饮酒器，所以《诗经·豳风·七月》讲“称彼兕觥，万寿无疆”。

参考文献

［1］胡新生．周代的礼制［M］．北京：商务印书馆，2016.
［2］丁緜孙．中国古代天文历法基础知识［M］．天津：天津古籍出版

社，1989.
［3］韩盈，王土然 . 节令风俗［M］. 上海：上海古籍出版社，1998。
［4］周武彦 . 中国古代音乐考释［M］. 长春：吉林人民出版社，2005.
［5］庞海云等 . 中国政治制度史［M］. 哈尔滨：哈尔滨工程大学出版社，2013.
［6］李楠 . 中国古代青铜器［M］. 北京：中国商业出版社，2015.

典籍注本

1.《十三经注疏》是一套什么样的书?

答:《十三经注疏》是儒家十三部经书的注解本汇编。历代解释十三经的著作很多。南宋以前,注和疏都是单独成书的,南宋始合刻在一起。南宋始有汇集唐宋之前权威的“十三经”注、疏的合刊本,形成一整套经书及其注文,称为《十三经注疏》。清嘉庆时期,阮元主持重刻《十三经注疏》,裒集宋本重刊,并广校唐石经等古本,撰《校勘记》附于诸经卷末,是迄今为止最好的本子。

“注”是对古书的解释,又叫“传”“笺”“诂”“解诂”等。集众家注释为一体的叫作“集解”。后来不但经书原文读不懂了,连注文读起来也很困难,于是又出现了对“注”进行解释的“疏”,私人修的叫“疏”,官修的叫“正义”。

十三经注疏具体内容如下:

《周易正义》十卷,魏王弼、晋韩康伯注,唐孔颖达等正义。

《尚书正义》二十卷,魏王肃、伪孔安国传,唐孔颖达等正义。

《毛诗正义》七十卷,汉毛亨传、郑玄笺,唐孔颖达等正义。

《周礼注疏》四十二卷,汉郑玄注,唐贾公彦疏。

《仪礼注疏》五十卷,汉郑玄注,唐贾公彦疏。

《礼记正义》六十三卷,汉郑玄注,唐孔颖达等正义。

《春秋左传正义》六十卷,晋杜预集解,唐孔颖达等正义。

《春秋公羊传注疏》二十八卷,汉何休解诂,唐徐彦疏。

《春秋穀梁传注疏》二十卷，晋范宁集解，唐杨士勋疏。

《孝经注疏》九卷，唐玄宗注，宋邢昺疏。

《尔雅注疏》十卷，晋郭璞注，宋邢昺疏。

《论语注疏》二十卷，魏何晏集解，宋邢昺疏。

《孟子注疏》十四卷，东汉赵岐注，宋孙奭疏。

2.《左传》有哪些好的注本？

答:《左传》最经典的注本是晋人杜预（杜甫十三世祖）的《春秋经传集解》，又名《春秋左传集解》。首次汇集《春秋》与《左传》，分年比附，又从而释之，故名。唐孔颖达据此作《春秋左传正义》，水平最高，然有强经以就传之弊，今收入《十三经注疏》者即此本。清代洪亮吉的《春秋左传诂》以纠孔疏之误，也很有名，收入《清人十三经注疏》。今人杨伯峻的《春秋左传注》水平也很高，达到了今人注解《左传》的最高水平。其弟子沈玉成著有《左传译文》，配套使用，最为方便。

3."三礼"的重要注本都有哪些？

答:"三礼"指《仪礼》《周礼》《礼记》，是记载我国古代礼仪制度的三部儒家经典。"三礼"记录、保存了许多周代的礼仪，其中,《周礼》偏重政治制度,《仪礼》偏重行为规范，而《礼记》则偏重对具体礼仪的解释、论述。

"三礼"最经典的注本即郑玄的《三礼注》，注解精湛，但缺点是引用了一些纬书之说。另有唐贾公彦《仪礼义疏》《周礼义疏》、唐孔颖达的《礼记正义》，今皆收入《十三经注疏》。清孙希旦《礼记集解》、清孙诒让《周礼正义》也很有名，皆收入《清人十三经注疏》。

4.《四书章句集注》是一部什么样的书？

答:《四书章句集注》是“四书”重要的注本。南宋朱熹撰。其内容分为《大学章句》(1卷)、《中庸章句》(1卷)、《论语集注》(10卷)以及《孟子集注》(14卷)。朱熹首次将《礼记》中的《大学》《中庸》与《论语》《孟子》并列,《大学》《中庸》中的注释称为“章句”,《论语》《孟子》中的注释集合了众人说法，称为“集注”。后人合称其为《四书章句集注》，简称“四书集注”。元代渐受重视，明清以后的科举制度，均以《四书章句集注》作为题库和标准答案，所有的答卷、观点均不可违背其中的说法。

该书训释注重整体上对经文的把握，注重义理的解释与发挥，在字词、名物训诂上多承汉唐成说，但也自有创新。注解简明扼要，摆脱了唐宋疏、正义的烦琐，是其最显著的特点。

5.《诗经》的重要注本都有哪些？

答:《诗经》最重要的注本是汉毛亨的《毛诗故训传》，简称毛传，郑玄在此基础上做注解，即郑笺，唐孔颖达在二家基础上作疏，即《毛诗正义》，皆收入《十三经注疏》。此外，南宋朱熹的《诗集传》注解简明扼要，别具一格。清代陈奂《诗毛氏传疏》、马瑞辰《毛诗传笺通释》、王先谦《诗三家义集疏》皆为重要的注本，皆收入《清人十三经注疏》。但《诗毛氏传疏》宗毛传为主，多有迂曲之解；《毛诗传笺通释》注解详细，新见迭出，但偶有标新之嫌。

6.《论语》的重要注本都有哪些？

答：三国魏何晏撰《论语集解》，宋代邢昺为之作疏，今收入《十三经注疏》者即此书。南宋朱熹的《论语集注》、清人刘宝楠的《论语正义》皆为重要注本，后者收入《清人十三经注疏》。何晏《论语集解》博采众家之说，保存了《论语》较早的注解，具有重要的训诂价值。朱熹《论语集注》注释言简意赅，注解简明扼要。刘宝楠《论语正义》注解详尽，内容极为丰富，考证名物制度尤其详细，但不免有芜杂之失。

7.《孟子》的重要注本都有哪些？

答：汉赵岐撰《孟子章句》，除训释词义外，主要笺释文句，分章别旨，阐明义理，在汉代传注中别开一例，宋人孙奭据此作疏，皆收入《十三经注疏》。孙奭疏以赵岐注为主，不妥之处，则另取别家之说补充之，但该书多认为是伪书。南宋朱熹的《孟子集注》注解简明扼要，也很著名。清人焦循《孟子正义》考据详赡，内容丰富，乃集大成之作，水平最高，但不乏芜杂之嫌，亦收入《清人十三经注疏》。

8.《战国策》有哪些好的注本？

答:《战国策》为西汉刘向编订，东汉高诱始注，作《战国策注》。传至北宋，正文及高注均有佚缺。曾巩曾合诸本作校补。南宋时姚宏及鲍彪以曾巩校本为基础，分别作注。元吴师道以鲍注为底本，参以姚注，重作校注，撰成《战国策校注》，这是《战国策》最好的注本。其篇第次序，一仍鲍氏之旧，每条之下所谓补者，乃补鲍注之阙；所谓正者，乃正鲍注之失。《四库提要》称该书“议论颇为精审，其他随文驳正，亦具有条理。古来注是书者，固当以师道为最善矣。”

9.《史记》“三家注”指的是什么？

答:“三家注”是南朝宋裴骃（裴松之之子）《史记集解》、唐司马贞《史记索隐》、唐张守节《史记正义》的合称。原各为单行本，南宋黄善夫始将注文配于正文之下。集解主要汇聚他人的解释；索隐解释原文时，除了个人的意见外，也引述他人的解释；正义除了解释原文、说明地理之外，还对一些字加了音注。《史记集解》为现存最早的《史记》注本。《史记索隐》具有极高的史学研究价值，后世史学家誉称该书“价值在裴、张两家之上”。

10.《汉书》有哪些重要的注本？

答：唐颜师古《汉书注》，采用集注体裁，考据精核，论证周密，为唐以前《汉书》注的集大成之作。清王先谦《汉书补注》，考证翔实，补旧注之漏，为前人研究《汉书》之总结。王氏鉴于唐颜师古《汉书注》虽集隋以前诸家注释之长，但有讹误，故采宋、明以下尤其是清人的注释和考辨成果，经三十余年的研究，抄集百余万言，进行补注。其中包括版本上讹脱错乱的校正，史事方面的诠释疏理，政治制度特别是礼书的考订等，而历史地理的考核尤为精审，是《汉书》的最佳注本。

11.《后汉书》有哪些重要的注本？

答：唐李贤（武则天第三子）作《后汉书注》，注重训诂，征引广博，注音释义精当。清惠栋又为之补注，清王先谦合并以上两家注，而以惠书为骨干，广征古说，编为《后汉书集解》，对《后汉书》不仅详细校勘版本，而且勘合纪传异同，广征博引，订正记载讹误，诠释词语，尤其对名物典章制度作了较详细的诠释，为最完备的《后汉书》注本，是集大成之作。

12.《三国志》最著名的注本是哪个？

答：南朝宋裴松之《三国志注》最为著名，补充了大量的史料，做了数倍于原书的扩充，于音义训诂甚少涉及，开创了补阙考订的传注体例。裴注网罗繁富，所引魏晋著作达二百一十种，且多首尾完具，保存了珍贵的历史资料，每为从事辑佚者所重。唐代李善的《文选注》、郦道元的《水经注》、《后汉书》“八志”部分的刘昭注皆循此体例，重典轻义，史料补充极其丰富。

13.《老子》有哪些重要的注本?

答：河上公《老子章句》，成书最早、流传最广、影响最大，但是其姓名出生地无人能知。三国魏王弼《老子注》是第一部系统地阐述玄学理论的著作，影响也很大，王注言简意赅，尽合本旨，后人评价王注“深于老子”“真得老子之学”。今人陈鼓应《老子注译及评介》注解简明，翻译晓畅，评介准确，最便初学者阅读。陈鼓应的《老子今说》初版于1970年，长沙马王堆汉墓出土帛书发表以后，作者广搜海内外学者专家的意见，对该书作了全面的修订和增补，更名为《老子注译及评介》，1984年由中华书局出版，2009年中华书局出版修订本。

14.《庄子》有哪些重要的注本?

答：晋代郭象的《庄子注》，重义理，对庄子思想颇有发挥。唐人成玄英在郭注基础上，重加考释，亦有章句串讲，成《庄子注疏》，内容翔实，最为著名。清郭庆藩《庄子集释》，因辑录多家之说，并下己意，是研究《庄子》及古代训诂的重要资料。清人王先谦《庄子集解》，采晋唐以下近20家说，简明恰当，颇便初学。

15.《荀子》有哪些重要的注本?

答：唐代杨倞《荀子注》较为著名。杨氏之前，《荀子》无注，编简烂脱，传写谬误，难以卒读。杨氏整理、注解，订正文字，博求征举，训释详细，多明古义，又改旧名《孙卿新书》为《荀子》，方使其成为可读之本。杨注为现存最早注本。

清人王先谦在慎选底本的基础上，充分吸收唐人杨倞及清代学者注释考证之成果，对《荀子》文字及其微言大义重加校释疏通，写成《荀子集解》。该书内容宏富，考证谨严，注释不主一家，择善而从，代表了中国古代荀学研究之最高成就，为《荀子》最善之注本。

16.《墨子》有哪些重要的注本？

答：秦汉以后，墨学地位日下，《墨子》一书，无人研究整理，传诵既少，注释亦稀，墨学几成绝学。至清代，始有毕沅作《墨子注》，但注解简单。清末孙诒让以《墨子》毕沅校注本为底本，吸取各家成果，附以己见，集诸说大成，著有《墨子间诂》，是目前最好的注本，为研究"墨学"成就最高之作。《墨子间诂》把《墨子》校注推向高峰，梁启超在《中国近三百年学术史》中，高度评价此书，谓其"自有《墨子》以来，未有此书。盖自此书出，然后《墨子》人人可读。现代墨学复活，全由此书导之"。

17.《楚辞》有哪些著名的注本？

答：汉王逸注《楚辞章句》，是《楚辞》最早的完整注本，成书时代去古未远，训释注解虽不甚详赅，然多传先儒训诂，为后世所重。宋洪兴祖《楚辞补注》，为补王逸《楚辞章句》而作，洪兴祖认为王逸注释较为简质，补其未备者。南宋朱熹《楚辞集注》，注释简明扼要，时出己见，颇为后人所信从。清人蒋骥撰《山带阁注楚辞》，考证详博，但亦有牵强附会之处。

18.《文选》有哪些重要的注本？

答:《文选》是中国现存最早的诗文总集,《文选》由南朝梁太子萧统（谥号“昭明”）编选，故世称《昭明文选》。《文选》的注本有两个系统，第一是唐李善注，重在解释典故的出处，补充大量的史料，每为从事辑佚者所重。第二是唐五臣注，重训诂，解释字词，但价值不及李善注。

唐吕延祚认为李善注“陷于末学”，引事多而析义少，故召集吕延济、刘良、张铣、吕向、李周翰作“集注”三十卷，开元六年（718）成书。得到唐玄宗嘉奖，因而流传颇广。南宋时将李注与吕延济、刘良、张铣、吕向、李周翰五臣注合为“六臣”注，李注遂微。后又从六臣注中辑出李注，即今所见本。

常用工具书

1.《尔雅》是一部什么样的书?

答:《尔雅》是中国最早的按照门类编排的词典，是中国辞书之祖。因其对解释经书有重要的作用，故被列为“十三经”之一。“尔”（后作“迩”）是“近”的意思，“雅”指雅言，即当时的标准语。《尔雅》的意思是接近、符合雅言，即以雅正之言解释古汉语词、方言词，使之近于规范。

《尔雅》成书于战国或两汉之间，作者不详，一般认为是战国时期的齐鲁儒生所编纂，基本是秦汉间的学者缀缉先秦各地的诸书旧文，递相增益而成。《尔雅》全书共 19 篇，收录 4300 多个词语。这些条目按类别分为“释诂”“释言”“释训”“释亲”“释宫”“释器”“释乐”“释天”“释地”“释丘”“释山”“释水”“释草”“释木”“释虫”“释鱼”“释鸟”“释兽”“释畜”等 19 篇。前 3 篇解释一般词语，后 16 篇是根据事物的类别来解释各种事物的名称，类似后世的百科词典。主要的注本有晋代郭璞的《尔雅注》，宋代邢昺的《尔雅疏》，清代郝懿行的《尔雅义疏》后出转精，然有滥用音转之弊。

2.《广雅》是一部什么样的书?

答:《广雅》是中国古代的一部训诂学汇编，三国魏张揖撰。它仿照《尔雅》的体例编纂，相当于《尔雅》的续篇，书取名为《广雅》，即增广《尔雅》之意。篇目也分为 19 类，仍用《尔雅》旧目。《广雅》前 3 篇解释的是一般词语，后 16 篇解释的是百科语词。《广雅》取材的范围要比《尔雅》广泛，是研究汉魏以前词汇和训诂的重要资料汇编。隋代曹宪为《广雅》作音释，因避隋炀帝杨广讳，改称《博雅》。清代王念孙有《广雅疏证》，纠正大量讹误，继承前人之说而有所发明，最便阅读使用。

3.《释名》是一部什么样的书?

答:《释名》是我国第一部专门探求事物得名之源的著作。东汉刘熙撰。全书8卷，共分为27篇，所释为天、地、山、水、丘、道、州国、形体、姿容、长幼、亲属、言语、饮食、采帛、首饰、衣服、宫室、床帐、书契、典艺、用器、乐器、兵、车、船、疾病、丧制。刘熙解释名源，采用的是声训的方式。声训即用声音相同或相近的字来解释词义，此种训诂方法由来已久，但全书都用声训来解释，则《释名》为首创。《释名》有些解释准确，但有些则为穿凿之说。

明代郎奎金将它与《尔雅》《小尔雅》《广雅》《埤雅》合刻，称《五雅全书》。因其他四书皆以“雅”名，于是改《释名》为《逸雅》，故《释名》又别称《逸雅》。主要注本有清代毕沅的《释名疏证》，清代王先谦的《释名疏证补》为研究整理《释名》的集大成之作，最便使用。

4.《方言》是一部什么样的书?

答:《方言》，全称《輶轩使者绝代语释别国方言》，是我国最早的一部方言学著作，也是我国第一部汉语方言比较词汇集。西汉扬雄撰。《方言》与《尔雅》《释名》《说文解字》号称“训诂四大专书”。

《方言》体例仿《尔雅》，所收词汇虽不标门类，但基本上是按内容分类编排。释词一般先列举不同方言的同义词，然后用一个通语词来解释，大都还要说明某词属于某地方言。有时先提出一个通名，然后说明在不同方言中的不同名称。《方言》对所记录的词汇，往往注明“通语”“某地语”“某地某地之间语”“转语”等，对研究语源学有重要的价值。东晋郭璞的《方言注》是《方言》的第一个注本，清钱绎《方言笺疏》是集大成之作，最便使用。

5.《说文解字》是一部什么样的书?

答:《说文解字》，是我国的第一部字典，也是第一部篆书字典，更是我国第一部系统的文字学著作。汉代许慎撰。简称《说文》。以说解小篆形义为主要内容，共收九千三百五十三字，重文一千一百六十三字，说解十三万三千四百四十一字。首创部首分类法，按小篆形体及偏旁构造把所收字分为五百四十部。部首排列多数“据形系联”。每部所属字大体“以类相从”。每字说解先释字义，后析字形，时用“读若”注音。《说文》成书后很长一段时间未受到重视，经过唐代李阳冰的提倡和宋代徐铉、徐锴二人的整理，到了清代，“说文学”大盛。《说文》原文并无反切注音，乃徐铉据《唐韵》所加。

《说文》的版本有小徐本、大徐本。小徐本即《说文解字系传》，作者为南唐（后入宋）徐锴，成书在大徐本之前，因是徐铉之弟，故称小徐。今日所见《说文》，除《说文解字系传》外，还有徐铉校定本。徐铉于宋太宗雍熙年间奉旨校定《说文解字》，世称大徐本。两本文字的次第略有不同。大徐本是《说文解字》最为通行的版本，学界称《说文解字》如不加说明，均指大徐本。

6. 专门收集古代经籍注解的辞书有哪些？

答：清代阮元编纂的《经籍籑诂》，把经传的各家注释汇为一编，按平上去入四声分为 106 部，以一韵为一卷。为查考一个字词的所有注释提供了极大的方便。当时的大学者王引之、钱大昕等都对它给予了很高的评价，称之为“经典之统宗，诂训之渊薮”。但该书仅仅收录唐以前的训释材料（截止到韩愈），内容略显单薄。

商务印书馆出版的《故训汇纂》全面系统地汇辑先秦至晚清古籍中的故训资料，汇集了近三千年来的中国传世典籍的训诂资料。收录范围截止到民国，内容大量增加，可谓后出转精，最便使用。

7.《经典释文》是一部什么样的书？

答:《经典释文》是解释儒家经典文字音义的作品，唐代陆德明撰，共 30 卷。它以考证古音为主，兼释意义，对所注之书，均标明书名和章节，然后摘录字句，注释音义，绝大多数都标明反切或直音。全书共收录汉魏六朝二百三十余家的各种音切和诸家训诂，具有重要的音韵、训诂价值。

《经典释文》引用了十四部文献，如《周易》《尚书》《毛诗》《周礼》《仪礼》《礼记》《左传》《公羊传》《穀梁传》《孝经》《论语》《尔雅》《老子》《庄子》，因唐代《孟子》尚不为经书，故未收入，而《老子》《庄子》因魏晋以后玄学影响很大，故也收入。今人黄焯的《经典释文汇校》博采众多版本进行通校，最便使用。

8.《辞通》是一部什么样的书？

答:《辞通》是一部解释古书中异体同义词语的辞典，近代朱起凤撰。所有词语都按齐尾排列法（即末尾一个字相同）排列，按平水韵 106 韵编排。凡见于经史子集中的词语都以最习见的写法为纲，其下列种种异文别体。凡 300 余万言，其中收集汉语双音词，包括双声、叠韵、复合双音词等约 4 万条，每条下并加按语，说明其用法、出处，阐述该词形、音、义三者的流变，对阅读和研究古汉语有重要参考价值。《辞通》于 1934 年由开明书店出版后，得到了海内外学术界的高度评价，与《辞源》《辞海》并称中国三大辞书。《辞通》乃朱起凤以一己之力独立编成，这在中外辞书史上实属罕见。1982 年，上海古籍出版社重印《辞通》。1986 年，《辞通续编》由其子吴文祺编撰，上海古籍出版社出版。

9.《康熙字典》有近万条错误，它还有价值吗？

答:《康熙字典》是清代张玉书、陈廷敬等依据明代《字汇》《正字通》两书为基础编纂的汉字辞书。收字丰富，约计 4 万 7 千多字，自编写完成以来近 200 年内一直是我国收字数最多的一部字典。注音、义项丰富，基本囊括了一个字的所有注音和义项。举例几乎皆为始见书例，为考证源流提供了重要的依据。

《康熙字典》是字典学的典范，也是进行文字、训诂研究的重要资料汇编，即使后来出版的《中华大字典》和《汉语大字典》也不能取代其地位。《康熙字典》虽有错误，如注音讹误、义项失当等问题，但瑕不掩瑜，其重要价值不容否认。使用时可参考王引之的《字典考证》和王力《康熙字典音读订误》。

10. 近代出版最早的百科性辞书是哪一部？

答:《辞海》，它是我国近代出版最早的一部以语词为主，兼顾百科常识的大型辞书。由中华书局于 1915 年启动编辑，1936 年出版。《辞海》以字带词，兼有字典、语文词典和百科词典的功能，在我国词典史上具有重要的地位。中华人民共和国成立后开始重修，《辞海》的修订版转由上海辞书出版社出版。《中国大百科全书》出版以后，《辞海》的作用大为逊色。

11.《辞源》和《辞海》有何区别？

答：如上条所述，《辞海》是以字带词，兼有字典、语文词典和百科词典功能的大型综合性辞典。《辞源》是商务印书馆于1915年出版的语文词典。以语词为主，重在溯源，专供阅读古籍，是一部古汉语专门工具书。《辞源》初版时，共收录单字1万余个，词目近10万条。《辞源》第一次提出了“辞书”的概念，首创了兼有字典和词典双重功能的现代辞书模式，不仅录有传统的各类文化知识条目，还收入了现代社会科学、自然科学和应用技术科学等词语。但修订后的《辞源》删去了这些内容，加强充实了语文性科目，定位为一部专业的古籍阅读工具书和古典文史参考书。二者的分工、作用明显不同。

12.《汉语大字典》与《汉语大词典》有何区别与联系？

答:《汉语大字典》，其首版由四川、湖北两省的300多名专家、学者和教师经过10年努力编纂而成，于1990年由四川辞书出版社、湖北辞书出版社出版，全书共收楷书单字56000多个，第二版修订工作于1999年正式启动，并于2010年出版，收字增至60000多个。《汉语大字典》是当今世界上规模最大、收集汉字单字最多、释义最全的一部汉语字典，是以解释汉字的形、音、义为目的的大型汉语专用工具书。《汉语大字典》的出版结束了新中国“大国家，小字典”的历史，被誉为“共和国的《康熙字典》”。

《汉语大词典》编纂始于1975年，山东、江苏、安徽、浙江、福建五省和上海一市的1000多名专家学者参与编写，1993年11月全书出齐，汉语大词典出版社出版。全书正文12卷，共收单字2.27万，复词37.5万，约5000万字，并配有插图二千余幅。以“古今兼收，源流并重”为编纂原则，广泛收列古今汉语中的词语、熟语、成语、典故和较常见的百科词，集古今汉语词汇之大成。

《汉语大字典》是查字用的，包括常用字的形、音、义，以及一些生僻字、俗体字。《汉语大词典》是查词用的。二者有不同的分工。中国的词典是“以字带词”，所以《汉语大词典》也能查到一些常用字的形、音、义，但主要是查词用的。二者的区别和联系类似《说文解字》和《尔雅》。

13.《现代汉语词典》能帮助阅读文言文吗？

答：《现代汉语词典》是中国第一部规范性的语文词典。由中国社会科学院语言研究所词典编辑室编纂，著名语言学家吕叔湘、丁声树曾先后主持工作，1978年由商务印书馆出版，其后不断进行修订。

《现代汉语词典》是一部现代汉语规范词语汇编，主要解释现代汉语词汇的形、音、义。但由于汉语词汇有很强大的继承性，所以该词典也酌收一些文言词语和文言词义，对我们阅读文言文也有一定的帮助。另外，由于中国词典“以字带词”的体例，《现代汉语词典》对某些字义（相当于词中的语素义）的解释跟古代的字义是吻合的。古代的一个词（即一个字）虽然其意义在当今不再使用，但作为一个语素，其意义还保留着。掌握了这个语素义，对精确掌握文言文词义有重要作用。

14.《古汉语常用字字典》有什么优缺点？

答:《古汉语常用字字典》是中华人民共和国成立后第一部用现代语言学和辞书学观点、方法编写的古汉语权威字典。由著名语言学家王力、岑麟祥、林焘等人编写，1979 年商务印书馆出版。它一向是广大学生学习古汉语的必备工具书。

该书收录了 4200 个常用字，解释各字常用意义，简明精当，是一部非常实用的古代汉语常用词汇汇编。可作为初学者打基本功使用。第四版删除了附录中的“难字表”，把第一版后附录的疑难字也添加到正文内容，新增字头 2200 余个，收字量虽有增加，然忽略了掌握古汉语词汇的层级性，反不如第一版实用。

15.《经传释词》和《词诠》各有什么特色？

答:《经传释词》是解释经传古籍中疑难虚词的专著，清代王引之撰。《经传释词》共收虚词 160 个，虽以单音虚词为主，但有同义虚词连用的，也偶然随文论及。每一个词先说明用法，后引详细例证，发前人之未发，正前人之误解，颇具说服力。该书是今人阅读儒家经典的重要工具书。

《词诠》，近代人杨树达著，也是一部虚词词典。全书共收虚词 527 个。按语法词类来分析各个虚词的意义和用法，包括虚词的通常用法及特殊用法，通俗易懂，对初学古代汉语的读者比较适用。《词诠》除了解释疑难虚词，也解释一般的虚词，带有现代虚词词典的味道，是应用现代语法学并结合传统训诂学研究解释虚词的开拓性实践。

16.《诗词曲语辞汇释》是一部怎样的书？

答:《诗词曲语辞汇释》，近代人张相所著，1953 年由中华书局出版，是研究诗词曲中特殊词语的一部专著。适用于查阅唐、宋、金、元、明诗词曲中的特殊词语的意义与用法。被释词有不少是方言、口语和专门词语。收录正式词条 537 个，词条附目 600 多个。

该书对诗词曲中的疑难口语词汇进行了解释，是阅读诗词曲的重要工具书，开创了训诂学中由传统的仅仅解释文言词汇到关注通俗词语的新局面，为训诂学的发展注入了新的内容，是“新训诂学”的奠基之作。